寻找彼岸

冯骥才论稿

周立民 著

中国书籍出版社
China Book Press

图书在版编目（CIP）数据

寻找彼岸：冯骥才论稿 / 周立民著 . -- 北京：中国书籍出版社，2020.12
　　ISBN 978-7-5068-8247-7

　　Ⅰ.①寻… Ⅱ.①周… Ⅲ.①冯骥才—人物研究 Ⅳ.① K825.6

中国版本图书馆 CIP 数据核字 (2020) 第 254346 号

寻找彼岸：冯骥才论稿

周立民　著

图书策划	成晓春　崔付建
责任编辑	武　斌
责任印制	孙马飞　马　芝
出版发行	中国书籍出版社
地　　址	北京市丰台区三路居路 97 号（邮编：100073）
电　　话	（010）52257143（总编室）（010）52257140（发行部）
电子邮箱	eo@chinabp.com.cn
经　　销	全国新华书店
印　　刷	阳谷毕升印务有限公司
开　　本	650 毫米 ×940 毫米　1/16
字　　数	210 千字
印　　张	13.75
版　　次	2021 年 2 月第 1 版　2021 年 2 月第 1 次印刷
书　　号	ISBN 978-7-5068-8247-7
定　　价	42.00 元

版权所有　翻印必究

目 录

【上　编】

树后边是太阳
　　——冯骥才小说阅读札记 / 002
一树槐香飘过历史
　　——冯骥才《单筒望远镜》阅读札记 / 027
寻找彼岸
　　——冯骥才文化思想与行动浅疏 / 052
让记忆唤醒历史的心灵
　　——冯骥才的自我口述史系列作品阅读札记 / 075
做行动的知识分子
　　——从《漩涡里》看冯骥才在中国当代文化
　　进程中的地位和意义 / 101

【下 编】

大地的野花
　　　　——漫记冯骥才 / 134

冯骥才的"神圣使命" / 143

卫护民族的自尊
　　　　——关于传统文化、城市建设及其他 / 156

《随想录》、知识分子精神及其他 / 160

《冯骥才、周立民对话录》后记 / 188

《竖读》编后记 / 198

《大树》编后记（四则）/ 200

后　记 / 210

上编

寻找彼岸——冯骥才论稿

树后边是太阳

——冯骥才小说阅读札记

20世纪90年代以来,冯骥才在城市保护和民间文化抢救中风尘仆仆的身影,关于当代文化问题苦口婆心的种种声音,似乎已经掩盖了他的作家身份,虽然《神鞭》《三寸金莲》《一百个人的十年》等作品不断重印,仍为众多读者所喜爱,但在人们的印象中他似乎早已远离当今文学现场。对此,我倒是另有看法:一是冯骥才今天所做的是文学的延续,他仍然是以作家的眼光、作家的语言和激情参与当代的文化活动,向我们展示了作家参与社会的另外一种方式。二是有作品在,作家就不会远离文学现场,相反,作家频频出现在媒体、研讨会等所谓的文学现场而没有自己的作品,那终究还是在跑龙套。重读冯骥才的小说,我还强烈地感觉到他的创作本身所提出的问题对于当下文学创作的启示,或者说一些老生常谈的问题仍然在困扰着当下创作,而冯骥才的创作无疑为我们提供了一种参照。所以,今天谈论冯骥才的小说时,其目的不仅仅是回顾。

一、温情的迷茫

还是从冯骥才的中篇小说《感谢生活》①说起吧。这篇发表在 1985 年《中国作家》第 1 期的小说，是冯骥才的承上启下之作。承上，是他延续了自 1979 年《铺花的歧路》开始的关于"文革"反思的写作；启下，是他由此开始了关于中国文化和民间文化的集中思考和描述②。如果说得再远一点儿，《感谢生活》中已经显露出冯骥才对于民间文化的倾心和热爱，似乎预示了他在今天的所作所为。

《感谢生活》，从这个题目上就可以清楚小说的基调，那么谁在"感谢"呢？不是志满意得、得到了生活厚爱的人，相反，恰恰是被生活亏待、遗弃甚至反复蹂躏的人。小说的主人公华夏雨是北京美术学院"公认的尖子"，本以为大学毕业后前程似锦，想不到被分配到一个偏僻县城的陶瓷厂，"我的向往、抱负、前途、计划，连同我挚爱的她，全都涂在这黑纸上了。"在新环境中，迎接他的是人们莫名其妙的目光，后来才弄清是他的一些涉及敏感问题的私下谈话被当时的女朋友汇报上去了，他的脸上是带着"金印"的。即便如此，他不是垂头丧气，而是努力地去建立自己的新生活，在人群中得不到温暖，却与一条被遗弃的叫"黑儿"的狗有了相依为命的感觉；之后，爱情也不期而至；原本以为与自己所学不相干的陶瓷业却激发了他新的艺术构想……正当一切刚刚有了转机的时候，"文革"开始了，生活对他的一点儿可怜的恩赐也被剥夺了：几年来他精心绘制的画盘被逼着一个个亲手

---

① 《感谢生活》现收《冯骥才分类文集·4·众生故事》，中州古籍出版社，2005。

② 在《感谢生活》之前的 1984 年，冯骥才已经发表了《神鞭》。

砸碎，妻子在被折磨、恫吓和误会中离他而去，唯一陪伴他、能给他精神安慰的"黑儿"也被打跑。接下来，他又被送到劳改农场，失去了人身自由……生活中每一条路，他都走不通；每一扇门都对他关闭了，这样的情况下，居然不是怨恨生活，而是"感谢"？

恰恰在这里，我看到了文字背后作者的生活态度，看到了由他的一只看不见的手操纵着的主人公的人生态度。华夏雨被分配到陶瓷厂，满心沮丧时，却迅速被眼前的情景"震住"：大片开阔的土地，没有被烧过的泥坯，窑工们黑亮的脊背，充满野性和别样的颜色，"我从来没有见过这种单纯又辉煌、雄性加烈性的颜色！生活中的颜色永远充满生气！太新鲜、太独特了！我几乎什么也没有想就爱上这地方了，兴冲冲地进厂报到"。当整个人世间都在折磨他、他被打得遍体鳞伤时，居然有一个"黑儿"深夜里守护在他身旁，这种情感既是对世间人与人心灵隔膜的一种反拨，又带给他继续生活下去的力量，让他得到了"这人世间最温暖、最纯净、最难得的东西"。最值得玩味的是"黑儿"的结局，本来他亲眼看到它葬身车轮之下，而等他从农场获得自由之后才获知，它并没有被轧死，开车的司机崔大脚在轧它时动了恻隐之心，将方向盘转了一下，只轧断它的一条腿，于是才有了狗艰苦地流浪、与主人重逢的故事。"黑儿"与艺术是对一贫如洗的他最重要的精神支撑，并让他对生活有了全新的认识，这些如同要烧制的泥坯，只有经过了烈火高温后才有精美的瓷器。小说是在这样的语句中结束的："生活把一件件粗的、硬的、尖利的，强塞进去，不管接受起来怎么艰难，毕竟没把它撑破，最终还是被他们默默地消化掉了。他们的双眼，他们的心，还是执着地向着生活！"这是一篇具有典型新时期文学特征的作品，它的基调是昂扬、热情和坚定的,它有强烈的抒情性,在表现生活苦难的同时,总是在鼓励人们:黑暗尽头是光明。

不过,对于"黑儿""死"而复生的这个细节的确值得讨论,正如一位汉学家曾提出的,这样写是不是削弱了小说的悲剧力量呢?对此,冯骥才在理性上可能接受,他说:"小说的结尾,也曾想叫'黑儿'死掉,加强悲剧感。可我担心这样太像肖洛霍夫的《一个人的遭遇》。……特别是写作中间,为了完成崔大脚这个人物,便把'黑儿'的命留下来。这样的结尾可能太圆满,悲剧的余味(悲剧的力量都在余味上)削弱了。如果效果这样,这意见我则要好好收藏起来,使它有益于我今后的创作。"①诚然,为了避免与肖洛霍夫雷同,这是一个选择,但完成崔大脚这个人物也是作者的重要考虑。崔大脚在作品中一出现就是一个粗声大气的人物,而到"文革"开始,崔大脚就是一个盲从者,凶狠批斗、捣毁"我"小屋的人,如果没有他对"黑儿"的恻隐之心,我们看到的这个人物就是一个头脑简单的"赤卫军",是把"黑儿"的命留下来的这个细节升华了这个人物。我认为这不仅仅是写作中一个细节的技术处理,而是作者主动地告诉我们:在一个凶悍者的内心中也有一缕温暖的阳光;这也不仅仅是一个结论,而是触及冯骥才小说中的核心价值,如果用一个文学化的词概括就是"温情的迷茫"。这本是他的一幅画的题目,而在他的作品中,我时时能感受到这样的氛围存在,忧伤却又是美好的,寒冷中却总有温情的阳光。在这样温情的目光下,生活中很多美好的碎片被聚集起来,成为度过艰难的心理力量。从这个角度而言,写苦

---

① 冯骥才:《关于〈感谢生活〉与苏联汉学家鲍里斯·弗里京(李福清)的通信》,《冯骥才分类文集·16·思想对话》,中州古籍出版社,2005,第297页。

难不是歌颂苦难,而是在命运赐予的无法拒绝的"礼物"中发现自我、认识生活和找寻战胜苦难的力量。这种对于生活的感谢,也让我想起陀思妥耶夫斯基在被判刑后给哥哥信上的话:"哥哥!我不忧伤,也不泄气。生活终究是生活,生活存在于我们自身之中,而不在于外界。以后我身边会有许多人,在他们中间做一个人并永远如此;不管有多么不幸,永不灰心和泄气,这就是生活的意义和它的任务。"① 由此,我认为冯骥才的这些小说超越了苦难,因为更重要的是他要去寻找"生活的意义和它的任务",要表达一种价值观,"温情的迷茫"就是这种价值观的具体体现,这种美学意境贯穿在冯骥才的许多小说中。

不是吗?冯骥才的小说中,在浓黑的暗夜中远处总有一点儿灯光,在山穷水尽处总有柳暗花明的希望。在《铺花的歧路》中,作者写了一个被错误路线毒害的女青年白慧,她在亢奋的气氛中打了善良的女教师,但这个女青年心地纯洁,天性善良,不久就认识到自己的错误,痛悔不已。也可以说在设计这个人物时,作者就没有让她堕入虚无、邪恶和阴暗的泥潭中,而要给她一束阳光。当看到她的一系列真诚的忏悔和行动时,读者在情感上早就原谅了白慧。女教师的儿子、她的恋人常鸣虽然表面上不接受她的道歉,"其实,我心里早就原谅你了……"最后,始终得不到常鸣明确回应的白慧只有以死求得解脱,她走下了水流奔腾的河湾——不,冯骥才不会让她那样做!他会给这些人物以温情和希望的。果然,小说的结尾:"白慧扭头看见了常鸣!在沙滩上,

---

① [俄]陀思妥耶夫斯基:《致米·米·陀思妥耶夫斯基》(1849年12月22日),冯春选编《冈察洛夫 屠格涅夫 陀思妥耶夫斯基 柯罗连科 文学论文选》,上海译文出版社,1997,第333页。

这对情人之间,时间好像只停留下片刻。忽然白慧转过身,她好像终于找到了出路。一条洒满了光、无限宽广的路。她摆脱开刚才的一切,带着一股热切的冲动,甩着两条胳膊,满脸流着热泪,朝常鸣跑来了,跑来了……"①绝处逢生,这些人总能找到生活的希望,也总能在辛酸的生活中发现美。《临街的窗》中那位"姓俞的",憋得难受,居然别出心裁地在一堵墙上画出一扇窗户,并根据自己心灵的季节变换内容,虽然严酷的生活让他绝望了、不再拿这种梦想安慰自己了,但整个小说中地震震不掉的、长久留在人们内心记忆中的,不还是那扇窗吗?它在一个贫瘠的年代里展示着一个人内心的丰富、细腻,以及人们对于生活和美的强烈渴望。当这些都融入文字中时,冯骥才的小说就充满了崇高、纯净的情感。《意大利小提琴》中,在乡村居然会碰到一把上佳的意大利小提琴,对于曾经是音乐学院教师的"他"而言,简直是命运之神的赐予,于是,他不考虑价钱、不顾卖琴者对他的敲诈,因为在艺术的世界中没有金钱,也没有机心,有的只是孩童般的天真和全身心的投入。小提琴如同甘霖让他的艺术神经迅速复活,"这一瞬间,他有一种如醉如痴、久别重逢、任何人都难以知晓的幸福感。那琴仿佛一只雄美的鹰落在老猎人的肩上那样——他这姿态,他撩起琴弓时老练又洒脱的动作,他扬起眉毛并把目光低垂在琴弦上的专注而迷人的神情,若被一般小提琴手见了,立即会认出这是令人销魂的、不可模拟的、真正提琴大师的风采。"②与此同时,小说还展现了一种人情、人性之美,妻子和女儿几乎

---

① 冯骥才:《铺花的歧路》,《冯骥才分类文集·3·社会小说》,中州古籍出版社,2005,第208、211页。

② 冯骥才:《意大利小提琴》,《冯骥才分类文集·1·人生短篇》,中州古籍出版社,2005,第224页。

把全部家当都拿出来支持他买琴，抚慰他精神的创伤。小说的结尾尤为精彩，粗俗的卖琴者为了能把琴卖个好价钱，居然把它重新油漆了，作者的神来之笔在于，一个做梦都想着得到这把琴的人，此时却绝望、懊丧和近似疯狂地呼喊：琴上油，声音全变了，你毁了这把琴，也毁了我！也就是说，他对于美的追求是纯粹的、不带杂质的，他绝对不能容忍有丝毫伤害、破坏这种美的成分存在，所以，我们看到的是一个失魂落魄的人在空荡荡的世界上走着。接下来，作者的笔又一转，"他"远远地望到家，妻子的忙碌，女儿在晾衣服，日常的场景与资助他买琴的美好情感联系在一起，变成了一种优美的旋律，从他心底想起来了。原来美是渴望、发现，是蕴藏在我们心底的巨大力量，谁也毁灭不了，谁也剥夺不去。作为美的捕捉者和传播者，冯骥才不断地肯定美的力量。《雕花烟斗》是通篇充满了对比和对称结构的小说，唐画家与老花农的对比，老花农粗糙的手与纯洁的心的对比，画家得意与失意时境遇的对比，老花农与那些客人们的对比……在这个对比中被推到大家面前的是美，那种灵魂的美，不带功利的纯洁而高尚的美，如同小说中傲放的凤尾菊。这个老花农的身上似乎有雨果《巴黎圣母院》中卡西莫多的影子。《高女人和她的矮丈夫》在一种看似不对称中，发现了另外一种美。在人们的目光中，他们"没有和谐，只有对比。可是他俩好像拴在一起，整天形影不离"。在世俗的猜忌中，他们却恩爱如初，心心相印，特别是在"文革"中更是相濡以沫，在受批判中，高女人更是不屈不挠，"眼里闪出一股傲岸、嘲讽、倔强的光芒"。在经历了苦难之后，"他俩又是形影不离地在一起上班，一起下班回家，一切如旧"。而当高女人患病行动不便时，在她身旁又有矮丈夫精心的呵护。最后妻子离去，矮丈夫仍旧习惯地高高地举着伞，给妻子留下永久的位置……这一幕幕中，我们看到了默默无声的爱情之美，看到了坚韧的心的力量，看到相依相偎的人性之美，感受到一种纯净人心的力量。作者就是用这样的温情，让一个绝望的人又看到了春风又绿的希望。"树后边是太阳"，树叶可以一时遮住阳光，但不能遮掉人间的温暖。哪怕是在压抑的《三寸金莲》中，以小脚立足世界的戈香莲却为女儿留了一条不裹小脚的路，后来女儿还成了"天足会"的会长。有人曾批评冯骥才这是蛇足，但我理解他，正如鲁迅先生体味到人间的悲凉之后，还是在小说《药》的革命者的坟墓上添了个花环。

冯骥才的文字是给人力量和希望的文字。他的《今天接着昨天》是一个好似《罪与罚》的故事，年轻人与老婆婆，小偷与失去儿子的母亲，老母亲在追问生命的价值中感动了小偷，故事的结尾是要偷东西的年轻人来安慰老婆婆的心，让她感觉救人而死的儿子是值得的，当很多人类的基本价值和信念动摇并屡受质疑时，冯骥才却给出了一个肯定的积极的回答。它让我感到在很多文学经典中经常沐浴到的光辉，它们总是在某一刻给绝望的心灵以继续前进的力量，冯骥才的小说也有这种古典情怀。巴金在文章中曾转述了爱伦堡讲过的一个故事：

> 我大概不曾记错吧，苏联作家爱伦堡在一篇演说中提到这样一件事情：卫国战争期间，列宁格勒长期被德军包围的时候，一个少女在日记中写着"某某夜，《安娜·卡列尼娜》"一类的句子。没有电，没有烛，整个城市实行灯火管制，她不可能读书，她是在黑暗里静静

坐着回想书中的情节。托尔斯泰的小说帮助她度过了那些恐怖的黑夜。

我现在跟疾病做斗争,也从各种各样的作品中得到鼓励。人们在人生道路上的探索、追求使我更加热爱生活。好的作品把我的思想引到高的境界;艺术的魅力使我精神振奋;书中人物的命运让我在现实生活中见到未来的闪光。人们相爱,人们欢乐,人们受苦,人们挣扎,……平凡的人物,日常的生活,纯真的感情,高尚的情操激发了我的爱,我的同情。①

我知道,这样的文学观早已被人们认定为"陈旧"了,20世纪是怀疑的世纪,上帝死了,人也死了,于是人们不再相信什么,文学作品中总是不断地"解构",甚至有的人还一再宣称,只有写恶、阴暗、丑陋和那些不可告人的才是深刻的文学,于是,我看到的文学作品中越来越多似乎不是在提升人的灵魂,而是拉着人下坠。诚然,每一种文学都有着它的存在价值,但巴金的描述却让我们无法回避一个问题,那就是人为什么需要文学?尤其是在今天,每一位作家是否思考过这个问题?强调当下,那时因为在一个信息爆炸、视觉目不暇接的时代中,文学还有它的什么作用和企图在人们的生活中占据怎样的位置呢?文学是否可以起到无用之用呢?陀思妥耶夫斯基曾说过这样的话:"人们称我为心理学家。不对,我只是最高意义上的现实主义者,即刻画人的心

---

① 巴金:《我的"仓库"》,《巴金全集》,人民文学出版社,1991,第16卷第514页。

灵深处的全部奥秘。"①冯骥才把他的这种说法更为直白地表达出来："作家要干预人的灵魂",并进一步说："只有在干预人的灵魂上,作家才显出别人不能替代的才能与职能。"②干预灵魂,不是拯救灵魂,文学当然有自己的形式和方式,但干预灵魂未必就是把人类的灵魂拉到地狱中才叫深刻剖析,它也需要在经历过炼狱之后带到天堂,天堂存不存在不重要,重要的是人的心中不能没有天国,而灵魂的干预者在带给人对于现实的清醒体验的同时,也应当给人精神的光辉和美的感染。陀思妥耶夫斯基说自己不善于匡正人心、排解忧愁,"我更大的本领倒不如说是散布失望和厌恶"③,他的笔下的确是一个迷乱的世界,一个为了金钱人们发疯的世界,但是他又何曾有一刻放弃了对于使人灵魂上升的努力呢?否则,怎么会有《罪与罚》中拉斯柯尔尼科夫的动摇、犹豫和良心的自我谴责呢?在《卡拉马佐夫兄弟》中虽然也有父不父、兄不兄的贪婪和无度,但不也有阿辽沙这样的给人的精神洗澡的形象存在吗?这些都不是偶然存在也不是作品中的点缀,陀思妥耶夫斯基非常清楚精神的提升之于一部伟大文学作品的作用和对于人类精神成长的价值。他说过："基督知道单靠食物无法使人获得新生。倘若缺乏精神生活,缺乏美的理想,人就会忧伤,死亡,发疯,自杀……由于基督本身和他的言行体现了美的理想,因而他决定:最好把美的理想播种在人们的

---

① [俄]陀思妥耶夫斯基:《记事本、文艺作品摘录》,冯春选编《冈察洛夫 屠格涅夫 陀思妥耶夫斯基 柯罗连科 文学论文选》,第358页。
② 冯骥才:《作家要干预人的灵魂》,《冯骥才分类文集·8·案头随笔》,中州古籍出版社,2005,第103页。
③ [俄]陀思妥耶夫斯基:《致柳·亚·奥日金娜》(1878年2月28日),冯春选编《冈察洛夫 屠格涅夫 陀思妥耶夫斯基 柯罗连科 文学论文选》,第349页。

心里，内心有了这种理想，彼此就会亲如兄弟……"①在谈到青少年阅读时，他说："……我把从阅读中获得的许许多多美好和高尚的印象应用到了自己的生活中，它们在我内心构成了一种抵制诱惑、情欲和腐蚀的巨大力量。"②在给朋友的建议中说："您应该把那些产生美感和激发崇高思想的东西拿给他看……"③"那些产生美感和激发崇高思想的东西"——这应当是一部优秀作品内在的美学品质之一，伟大的作品中从来不乏这样的精神力量，比如雨果雄浑的《悲惨世界》中冉阿让历经磨难却爱世不悔的形象，曾经给多少人以力量！难怪经典作品在不同时代让人反复阅读，文学如果只能把人拉到幽暗的"死屋"中，人们凭什么还需要它呢？

不知为什么，这种"那些产生美感和激发崇高思想的东西"，在古典文学中有，在五四后的文学中也不缺乏，却在当代文学中成为稀薄的空气。有人说时代使然，可能是吧，但重读冯骥才的作品又让我燃起了对于这种纯净的、高尚的美的呼求，我相信有些艺术的法则是不变的，那些不能给人带来精神提升的文字是走不远的。当然，要做到这些，作家自己得有"信"，大约正是这个时代作家失去了信，才让我在文字中感觉一片幽暗。

---

① [俄] 陀思妥耶夫斯基：《致瓦·阿·阿列克谢耶夫》（1876年6月7日），冯春选编《冈察洛夫 屠格涅夫 陀思妥耶夫斯基 柯罗连科 文学论文选》，第349页。

② [俄] 陀思妥耶夫斯基：《致尼·卢·奥兹米多夫》（1880年8月18日），冯春选编《冈察洛夫 屠格涅夫 陀思妥耶夫斯基 柯罗连科 文学论文选》，第352页。

③ [俄] 陀思妥耶夫斯基：《致尼·亚》（1880年12月19日），冯春选编《冈察洛夫 屠格涅夫 陀思妥耶夫斯基 柯罗连科 文学论文选》，第353页。

二、文学的"地下水"

前不久，我写过一篇《小说家的世界有多大》，是针对当代小说的单薄而提问的，许多作品的背景单一、情节雷同，人物没有背景、身份和根基，如影子一样漂浮在文本中。造成这种单薄的原因当然很多，但我认为小说家的世界太狭窄是一个重要原因，何谓"小说家的世界"？小说家的知识、修养、视野、心胸、气度等等综合而成的小说家的素质。做一个拙劣的比喻，小说家世界就是地下水，只有地下水丰富才能保证地面的水不干涸、有活力。恰如济南的趵突泉，它的喷涌而出是与泉城的地下水紧密相关的，当地下水达不到一定高度的时候，趵突泉喷涌的奇观就将不再。当代小说家似乎都没有认识到这个问题，眼睛只盯在纸面上的那点儿地方，岂不知纸面之外的风景多着呢！在这一点上，冯骥才的小说又可以引起我们很多思考。

在当代作家中，冯骥才是一个非常有文化自觉意识的作家，文化打开了他的小说世界，绘画、民俗、传统文化、西方文化等多重资源滋养着他的小说，文化不仅是作为符号，而是作为人物活动的背景、气氛和集体无意识给了他笔下人物以灵魂。在冯骥才驾轻就熟的叙述中已经触及民族文化的深层心理，地域文化的一般性格，留下了具有特征的文化信息的记录，这使他的小说在具有审美功能的同时，更具民俗学、社会学的意义。当许多人暗自担心他走得太远，超出了文学的边界时，我倒为他叫好。我不知道哪来这么多文学的边界，中国古人头脑中没有这样的边界，西方不少的现代文学大师也没有这样的束缚，我们怎么就造出了"纯（粹）文学"的概念呢？让这样丰富的地下水对文学进行倒灌，使文本有多层次的功能，最大限度地打开文学，这是文学的幸事。

画地为牢，把文学当作大家闺秀大门不出地养着，反把它的精气神儿养没了。——这一点恰恰是当代作家深以为戒且需要好好反思的。

在《感谢生活》中，冯骥才对于民间文化的倾情关注，当然与1985年前后当代文学的"寻根"热潮不无关系，不过，在这条路上大概很少有哪位作家像他那样走得那么执着，走得那么远，走得那么兴致勃勃。小说中学院出身的华夏雨被迫到了民间，立即被另外一种性质的文化吸引和震撼，看到民间捏出来的泥狗，他惊奇道："这样辉煌的胆大包天的艺术！……富丽喜庆，膨亨饱满，健壮有力，你马上会想到几千年来中华大地上农民们对生活那些实实在在的热望。……一切都是单摆浮搁。这几笔不比'八大山人'更粗豪洗练？在学院里是学不会的。教授们用'修养'画，农民用'兴致'画，到底哪个才是艺术？……真没想到，在这穷乡僻壤，泥土里不单埋着花生和山芋，还埋着真正的艺术！"①这种艺术完全征服了他，提升了他的人生境界。他在监改中偷偷跑出去，到农村去寻访民间艺人，见到剪纸的"神剪黄"时，他突然发现了中国文化的另一半，他原本以为汉唐艺术的雄强气势早已不存，没有想到它在民间，"从远古的壁画、石窟、青铜器、画像石、俑……直到今天民间的年画、泥玩具、剪纸、蜡染、陶瓷，这股民族的沛不可当的艺术元气，依然流贯在我们辽阔广大的民间。我们的高等艺术学院为什么不搬到民间来呢？我看着这普普通通的村婆，心里火辣辣地想，我们的毕加索在民间，我们的马蒂斯在民间，她才应当是现代艺术中心的皇

---

① 冯骥才：《感谢生活》，《冯骥才分类文集·4·众生故事》，第54页。

后!"①艺术激活了他沉寂的生命,所以,当别人担心他自杀的时候,他说:"世界上这么多可爱的事,我才不死呢!"②可以说民间文化给了他全新的生命。其实,民间文化也给《感谢生活》以不凡的生命力,它使小说拥有了文化的厚度,使得一种文化精神如同潜流一样在小说中涌动,由它在背后支撑,如同树后面还有太阳,树的每一片叶子都闪着七色的光彩。在这里,小说超越了故事、人物等具体环节,而有着更为开阔的精神境界。冯骥才说:"我想用这小说寻找我们的民族精神、民族元气、民族情感,以及我们民族对待苦难和战胜苦难的独特方式。我写华夏雨与几位民间艺术家(剪纸黄和罗长贵等),完全不是想写一个艺术家向民间艺人学习那种写滥了的内容。我要写民族的艺术元气和艺术情感,写人民对生活的情感。我还想通过这些民间艺术的传统艺术(陶瓷、剪纸、泥塑、石刻等)的描述,显示我们民族的气质与魅力。"③当冯骥才谈到的这些内容与人物的命运水乳交融时,这个人不仅是一个有性格的人,还是一个有根和有灵魂的人,小说抓住了人的深层情感和文化性格,这样的小说才会像矿藏一样供人不断开掘。

真正全面体现冯骥才对民族文化思考和民间文化记录成就的当推《神鞭》《三寸金莲》《阴阳八卦》组成的"怪世奇谈"系列和后来的"俗世奇人"系列。这两个系列表现的方法和侧重点上并不相同,但作者对于民间文化的关注、让文学有更丰富空间的努力却是一致的。阅读这些小说,不难看到冯骥才丰富的"地

---

① 冯骥才:《感谢生活》,《冯骥才分类文集·4·众生故事》,第57页。
② 冯骥才:《十年再回头》,《冯骥才分类文集·8·案头随笔》,第83页。
③ 冯骥才:《感谢生活》,《冯骥才分类文集·4·众生故事》,第54页。

下水"贮藏。特别是当年屡遭批评的《三寸金莲》，作者调动了多方面资源，单从表面上看它几乎是一部包小脚的历史，也像关于"莲学"的学术论文，连作者绘画功夫也用上了——冯骥才当是当代作家中较早地运用图像参与叙述的小说家——这些不是被生硬地塞进小说中，而是不露声色地融化在小说中，随着小说的情节自然流泻。在作者调动的资源中，还有传统的章回小说笔法，旧瓶装新酒让它焕发不同的魅力，这也是冯骥才的拿手好戏。因为深入到一种文化的骨髓中，所以哪怕用白描的手法，很简单的几笔就能写活一个人。如果说文学是语言的艺术，那么冯骥才同时也能抓住他描述的对象的语言特点，抓住天津人语言中的文化性格。不妨看他在小说里所写的：如形容找人的着急："八哥，再找不着你，我就扎白河了。"——再着急也要贫嘴一下。要请的人不去，又不能生拉硬拽，那么：我自己没有面子，"那就冲你嫂子，行吧？"显示自己有能耐："天津卫大夫都在咱肚里。华佗活着，也得跟咱论哥们儿。你先回去等着，我管保请来头号大能人。"——反正不能示弱！跟人打听事儿是这样绕着弯子，废话也多："快告我，天津卫哪位大夫专治跌打损伤、伤筋动骨？你要拿卖狗皮膏药大力丸的糊弄我，你八哥就叫你们老板辞了你！"答话的人以进为退，给对方扣了个高帽，嘴像抹了蜜，话说得也很艺术："八哥向例口硬心软，哪是铁肠子！兄弟我正愁没机会给你报恩呢！骨头的事，您非得找神医王十二不可。……"对方得了底儿，也不甘示弱，总得显示自己的能耐，便说："王十二还用你吆喝？他十年前就和我论哥们儿，不过，咱身子骨儿是铁打的，没用过他，他倒使过我……"吹了半天，还是要问当下住哪儿，对方回话却是软中带刺儿："您不是认得他吗？"①这一来一回，把天津话那种嘎劲儿，柔中有刚，跟人较劲儿的神采都写出来了。在这些细节之外，在抓住具体的意象的同时，冯骥才对文化的思考从来不缺宏观的眼光。辫子、小脚、八卦都是传统文化的一种符号，作者提纲挈领，抓住符号便按住了一条文化的脉息，它们除了储存着丰富的历史信息外，还承载着作者的思考。他说过："《神鞭》是祖宗留下的无往不胜的辫子，但在与洋人接触中被小小一颗洋枪弹打断了，怎么办？《三寸金莲》是一双裹得无比完美的脚，在放脚的时代反而不会走路，陷入彷徨，缠也不是，放也不是，不得已放了缠，缠了放，乱哄哄打做一团。《阴阳八卦》则是祖宗留下的似有若无的金匣子，只要使劲找，家破人亡；一旦跳开这金匣子，扔到一边，家兴业旺，事泰人安。"②小说虚虚实实，包罗万象，又指意明确，虽然这个系列的小说最多算个中篇，却部部是可以从不同角度解读的大书，这是丰厚的文化给小说的馈赠。

如果说"怪世奇谈"系列着力在反思的话，那么"俗世奇人"系列则着力在原生态的记录，用冯骥才自己的话讲，这是用"文学记录文化"："文学的使命之一是记录文化。记录文化也是抢救文化。即抢救人在历史中所创作的最深刻的文化形态——文化性格。""出于这一想法，我写了清末民初天津卫的《俗世奇人》。有人说这种小说与《神鞭》与《三寸金莲》是同一系列。我写此文，乃是要说：非也。《神鞭》与《三寸金莲》是拿这种文化形态作

---

① 冯骥才：《阴阳八卦》，载《冯骥才分类文集·2·乡土传奇》，中州古籍出版社，2005，第255—256页。

② 冯骥才：《关于〈阴阳八卦〉的附件》，载《冯骥才分类文集·8·案头随笔》，第200页。

为背景和生活素材,而这小说则是以'记录和抢救这一文化形态为己任。'"①文学的记录不是被动的记录,它有选择也有自己的表现方式,比如为什么是俗世?那就是要表现普通人的一般生活,因为它们才能体现地域文化的普遍特征,才贮存着具有民俗意义的信息。而写"怪人",那是在他们的身上又体现了民间文化的智慧、极端,在流传中也寄托着人们的希望、追求,也蕴含着某种善意的嘲笑和批评。对于一个作家而言,要想能够自如地表现这些,那首先就得打开自己的世界、充实自己的世界。冯骥才曾谈道:"文化小说的思想深度,在于对民族文化的宏观认识;文化小说的影响力和生命力,在于对现实的关注与发难;文化小说是否立得起来,在于能否塑造立得住的'文化人'形象。"他还强调:"这种以地域文化为素材的小说,往往需要不见经传的杂学,即民间口头流传的风俗、故事、传说、典故、轶闻、民谚、俚语、俏皮话等,这里边包含丰富的活生生的文化财富。现代的民俗学研究也更注重这种民间的传统文化。对于作家,它就是一种生活。"②其实,每一位好的作家都有这样的储备,从阅历到知识,从亲身的经历到刻意的补充,从偶然得之到有目的地开采。马尔克斯就曾说过他的写作:

> 我在写作的时候,我的桌上堆满了各种各样的资料和参考书,那都是我根据需要随时找来的。为了写最近一部长篇小说,我参考了好几篇关于炼金术的文章,许多关于航海者的故事,关于中世纪流行的时疫的记载,

---

① 冯骥才:《文学记录文化》,载《冯骥才分类文集·8·案头随笔》,第68、69页。
② 冯骥才:《当前的文化小说》,载《冯骥才分类文集·8·案头随笔》,第65页。

若干本菜谱,关于毒品和解毒的手册,关于坏血病、脚气病和糙皮病的研究资料,一些描述我国内战的书籍,家庭医药卫生手册,关于古代火器的著作,还有二十五卷大英百科全书,等等,不计其数。在写作过程中,我必须掌握如何区分雌虾和雄虾,如何枪毙一个人,如何鉴别香蕉的质量;我必须放弃一个人物,因为我没有及时找到能够把七个句子译成帕皮亚门托语的人;我必须反复查阅字典,以便弄明白梵语字词;我必须计算七千二百一十四枚多乌隆除以四有多重,好确信四个孩子能不能搬运;我还必须删掉许多轶事和最后改变一个人物的性格,因为我找不到中世纪消灭蟑螂的十六种方法。目前我正在学习制造一种电椅,以便让我的下一部小说的一个人物会坐它。①

中国有很多马尔克斯的崇拜者和模仿者,但我却很少听他们谈起这样来写作,这或许是他们完全不屑于为的体力活儿?或许这也正是有的人句子都能照着老马写,却就写不出老马那样的作品的一个原因吧?

冯骥才认为各种文化资源"对于作家,它就是一种生活",这话很值得重视,因为许多人仅仅把文化资源看作一些知识,或者在写小说时候为了某个情节的需要随便拎一点儿做点缀。油毕竟掺不进水中,一个好的作家应当有更大的文化背景做依托,应当是为一种文化所化之人,只有与一种文化建立起血肉相连的情

---

① [哥]加西亚·马尔克斯:《漫谈写作》,《两百年的孤独》,朱景冬等译,云南人民出版社,1997,第39—40页。

感,才能在这种文化中如鱼得水地游弋,才会不断完善自己的艺术世界。冯骥才曾谈到他对天津和津味文化的依恋:"不仅因为天津是我出生地——它绝不只是我生命的巢,而是灵魂的巢。""它精神的因子已经注入我的血液中。这也是我特别在乎它的历史遗存、城市形态乃至每一座具有纪念意义的建筑的缘故。我把它们看作是它精神与性格之所在,而绝不仅仅是使用价值。"① 在此,我想问一句,那些立志要做大作家的人,首先你找到了自己的灵魂的故乡了吗?还要补充一点,并不一定非要写辫子、小脚这样具有文化象征意义的符号才有文化味,才能表现文化特征或文化心理,一个作家如果对于文化关注是融在他的生命中,而他的生命又是沉浸在某种文化里,那么他打量世界的眼光就会不同,哪怕写日常生活也会表现深刻的文化心理,比如冯骥才的《高女人和她的矮丈夫》,"在这个小说中,我还关注一个点,即习惯,习惯的荒谬。……习惯是一种进入心理的文化。文化进入心理就是不可逆的。比如,在恋人之间,我们总是认为男的应当比女的高",还有"充满人生的是你对别人的错觉和别人对你的错觉"。② 其实,在20世纪80年代初,冯骥才的《海外趣谈》《雾里看伦敦》两本游记,就是不光领着我们看西洋景,更重要的是对于不同民族文化之间差异的关注。文化是流在作家血液中的,不是披在作家身上的!

---

① 冯骥才:《灵魂的巢》,《冯骥才分类文集·9·书斋文存》,中州古籍出版社,2005,第95页。
② 冯骥才,周立民:《冯骥才周立民对话录》,苏州大学出版社,2003,第191页。

三、缪斯受不了人间的烦恼

冯骥才认为他的《神鞭》《三寸金莲》这类小说是文化批判小说:"文化批判是针对文化的负面,但都是批判,都是在变革时期的一种自觉的自我反省。我这些小说也不属于'寻根文学'。'寻根文学'是现代人对自己文化的缅怀,实际上也是急速前奔的现代人的心理需要,我既不入寻根的范畴,也不入现代派小说。"① 为什么他要特别强调与寻根小说和先锋小说的区别呢? 他说:"许多文化小说,还只是以描绘了失却了的某种文化状态或文化氛围辄止。一味的回溯会走向虚无,如此远距离于现实未必生命力长甚至可能更短。"他在分析鲁迅先生对民族文化的剖析时提出有三点值得注意:一是宏观地把握民族文化特性;二是紧紧对准现实;三是注重写"文化人"。关于第二点,他认为鲁迅"从人的文化心态上寻找障碍前进的心理因素,这便是与现实结结实实较上劲"②。强调与现实的纠葛似乎是冯骥才这一代作家的宿命,他哪怕写历史写风俗,也无不与现实有着强烈的对应关系。比如《神鞭》中的思考:祖宗的东西再好该割得割,该变就得变,非常值得注意的细节是傻二家的绝活儿原来也不是辫子:"原先练一种问心拳,也是独家本领,原本传自佛门,都是脑袋上的功夫。但必须仿效和尚剃光头,为了交手时不叫对方抓住头发。可是清军入关后,男人必须留辫子,不留辫子就砍头。这一变革等于绝了傻二家的武艺。事情把人挤到那儿,有能耐就变,没能耐就完蛋。这就逼着傻二的老祖宗把功夫改用在辫子上,创

---

① 冯骥才,周立民:《冯骥才周立民对话录》,第206页。
② 冯骥才:《当前的文化小说》,《冯骥才分类文集·8·案头随笔》,第64页。

出这独异奇绝的辫子功……"① 还有《三寸金莲》中的那种"缠放缠放缠放缠",如果孤立地看,作家不过就历史遗存发表了自己的看法罢了,可是如果了解改革开放初期的社会背景和思想交锋,把小说再放到这样的大背景下解读时,在那些"左"的思想来去复回中,你立即意识到作者哪里是在写历史,分明是在对现实发言!

作者是通过历史的反思来干预现实的思维,在纠正中国文化思维的封闭性,现实感几乎贯穿了冯骥才的整个创作和人生,这种文化使命感使他无法让自己的文字与现实隔离。在提笔写作的时候,冯骥才的耳畔可能常常回荡着1967年冬夜那位造访他的朋友说的话:"你说,将来的人会不会知道咱们这种生活?这种处境?这种灾难?如果这样下去几十年,我们都死去了,谁还能知道我们这一代人真正的经历,那不是白白遭受了吗?你说现在有没有人把这些事都写下来?"② 这一连串的疑问是冯骥才写作的发动机,从此他在"文革"里开始写作,从此他的写作就与这样一种使命联系在一起。关于"文革",他就写了很多,从《铺花的歧路》到《一百个人的十年》,这种记录成为他"决不放弃的使命",以至于他说"'文革'是我文学的母亲"③。而当高科技发达的现代社会,人们情感疏离,破坏自然和生态法则时,冯骥才又以满身的忧患意识写下了《末日夏娃》。当全球化的推进破坏了民族文化的多元性,改变了地域文化的独特性时,他开

---

① 冯骥才,《神鞭》,《冯骥才分类文集·2·乡土传奇》,中州古籍出版社,2005,第204页。
② 冯骥才:《附录五:关于本书的写作缘起》,《冯骥才分类文集·13·心灵实记》,中州古籍出版社,2005,第200页。
③ 冯骥才:《"文革"是我文学的母亲》,《冯骥才分类文集·8·案头随笔》,第212页。

始了《俗世奇人》的写作，开始了城市文化的抢救和民间文化的保护，他的一段话我印象很深："如果一个人眼看被车撞死了。你能不上去救他，而站在一边'深刻'地阐述生命的价值吗？20世纪初，敦煌遗书被劫。如果不是罗振玉、陈寅恪、向达等一大批知识分子，呼号于朝廷内外，奔波于欧亚两洲，中国可能连敦煌学也不会有的！但正是他们的'集体行动'，掀开了中国文化保护史激动人心的第一页。"① 这种使命感和危机意识早已从外在的呼唤转化为内心的律令，因此，也就自觉地表现在他的文字中。

有人说，冯骥才这一代作家成也萧何、败也萧何，言下之意是他们强烈的文化承担和使命感使他们得到了社会的关注和读者的共鸣，但也使其作品不纯粹、缺少艺术性。我不知道他们要的艺术性是什么，是躲在象牙塔里苦心经营像蒸馏水那样的纯艺术？的确，冯骥才等人确实永远也做不到。他们的现实感来自内心遭受痛苦折磨的不能承受之轻，来自他们的社会阅历和人生体验，所以，当他们拿起笔时已经注定如此。从这个角度而言，每个人都有他的现实，可是，一个作家的眼光和头脑不能只局限在个人身上，也不能超越他身处的时代和社会，企图做一个跳出三界外，不在五行中的"永恒"艺术家往往是痴心妄想。而作为社会的一分子，就不能对自身所面对的种种问题视而不见。陀思妥耶夫斯基曾发出过这样的疑问："假设一个社会处于崩溃的边缘，那么凡是稍有理智、灵魂、良心和意志的人，凡是意识到自己是人和公民的人，都在为共同的问题、共同的事业而操劳，难道在这种情况下文学家和诗人不应该有理智、灵魂和良心，不应该爱

---

① 冯骥才，周立民：《冯骥才周立民对话录》，第133页。

祖国和同情共同的利益？"接下来他说："缪斯受不了人间的烦恼。"①这位被认为是擅长揭示人物内心的小说大师却不断在强调："艺术不仅永远忠于现实，而且不可能不忠于当代的现实，否则它就不是真正的艺术。真正的艺术的标志就在于它总是现代的，十分有益的。"②但作家又不是被动地接受一个别人给定的"现实"，在真正作家的心中现实也从来不是唯有一种形式的固定形象，也没有一个权威拥有对现实的唯一解释权，所以，他穷尽一生精力使用各种形式都在努力探索和把握现实，对此马尔克斯的补充非常重要："一切文学，一切艺术创作都是社会产品，但是真正意义上的文学创作却是一种受许多因素支配的个体劳动。""作家的品德之一就是能够看得比眼前的现实还远。"③"个体劳动"意味着"现实"不能包办一切，它需要作家用不同的方式去接近、容纳甚至创造它，作家也要找到自己表现现实的独特方式；而"看得比眼前的现实还远"意味着不能简单地复制现实，而要能够穿透现实、拥有历史的预见性。

在这里，我认为对于小说家来说，更应该强调"现实感"而不是"现实"本身，什么是现实感，那是作家一种对于现实的敏锐反应和深刻洞察，是作家的世界和心胸不断地开放容纳种种现实后的体验，这是与生活和外在世界一种同呼吸、共命运的姿态。阎连科曾讲过："真正的真实不在日常生活里，而是在作家的内心世界里，在小说的精神里。当你坚信，你的灵魂、你的内心、

---

① [俄] 陀思妥耶夫斯基：《一波夫先生和艺术问题》，冯春选编《冈察洛夫 屠格涅夫 陀思妥耶夫斯基 柯罗连科 文学论文选》，第243页。
② [俄] 陀思妥耶夫斯基：《一波夫先生和艺术问题》，冯春选编《冈察洛夫 屠格涅夫 陀思妥耶夫斯基 柯罗连科 文学论文选》，第255页。
③ [哥] 加西亚·马尔克斯：《我如此地参与政治，使我不由得怀念文学》，《两百年的孤独》，第130—131页。

你的精神和土地或者说和你认为的现实精神是共通的时候，有一条血管在流通循环时，其实，真实在小说中已经从重要地位退到了次要地位……"① 这里的"共通"和"流通循环"讲得特别好，它也在提醒我们：现实感不等于作品中表现了什么社会重大事件、重大主题，主题的重要与否要看作家对它的理解力、表现程度以及它本身的精神容量，而不是一个历史事件的影响力。对于20世纪历史来讲，可能没有比两次世界大战更大的事件了，但无论是卡夫卡、乔伊斯，还是福克纳，都不曾写过一本"两次大战风云录"，然而，你从他们的作品中难道读不出最深刻的两次大战带给人们的精神伤害和直接后果吗？他们的作品从未脱离这种现实氛围，也是最具有现实感的。同样，冯骥才哪怕在写与现实不沾边的《三寸金莲》，不也让我们读出了强烈的现实感吗？所以，如果作家与更广阔的社会现实之间联系被割断，只是硬着头皮往现实上撞，反而不但没能体察出现实的滋味，还自己撞了个头破血流，这个教训在当代文坛恐怕不在少数。诚然，当代社会瞬息万变，要真正地把握它并不容易，它不但需要描述者、记录者，还需要思考者，只有不懈的思考才有可能在与现实的搏斗中胜出。在这一点上，冯骥才的创作能够体现出他的自觉追求和未曾放弃过的努力，虽然他的小说作品数量算不上很大，却容纳了多种形式和风格，我把这些都看作他为了解决这些问题而做出的切实努力。我也看到了近年来像莫言、贾平凹、余华、张炜等作家正在以他们的作品对"现实"的正面强攻，看到了阎连科在一系列的演讲中，表达了一个有使命感的作家在处理自我与现实之间关系

---

① 阎连科：《小说与世界的关系》，《拆解与叠拼——阎连科文学演讲》，花城出版社，2008，第31页。

的焦虑，他的《受活》《丁庄梦》《风雅颂》等作品也体现出他在不断地进行各种尝试的努力。

《树后边是太阳》是冯骥才非常珍爱的一幅画作，在这幅画中远远的是一片丛林，它们扎根大地，在雪地中挺立，雪地映照出树影，阳光投向了人间，投向了大地，我愿意把这些图景看作作家及他挚爱的文学与现实的某种关系，作家要有人间情怀，作家的创作只有深植现实的厚土中，才有穿过严冬无限生长的可能。那么，同时，我还想再重复一遍陀思妥耶夫斯基的话：不忠于当代的现实的艺术，不是真正的艺术。

2009年3月27—29日，上海—北京

一树槐香飘过历史

——冯骥才《单筒望远镜》阅读札记

一

《单筒望远镜》[①]是冯骥才一次反刍性的写作。

所谓"反刍",乃是这一题材在作家心中咀嚼已久,不同阶段都有所表现。熟悉冯骥才创作历程的人都知道,他在文坛亮相的第一部作品就是《义和拳》[②]。这是一部55万字的长篇小说,叙述的是天津的义和团抗击八国联军的故事。《义和拳》出版后的第二年春天,冯骥才又写了反映"红灯照"的长篇小说《神灯前传》[③]。1984年,冯骥才说,"前传"出版后,"现在正在写'中传'和'后传'"[④]。说明那段时间里,冯骥才一直关注这个题材。

[①] 冯骥才:《单筒望远镜》,人民文学出版社,2019。
[②] 冯骥才、李定兴合著:《义和拳》,人民文学出版社,1977。
[③] 《神灯》,人民文学出版社1981年12月初版时名为《神灯前传》,收入《冯骥才分类文集》(中州古籍出版社2005年5月版)时,改名《神灯》。
[④] 冯骥才:《张士杰给了我们什么》,《冯骥才分类文集·8·案头随笔》,中州古籍出版社,2005,第269页。

新时期文学大潮汹涌澎湃，在它的冲击下，他的写作重点转向"伤痕文学"，才搁下《神灯》续篇。不过，1984年，冯骥才另辟蹊径，开始"怪世奇谈"系列小说的创作，第一部《神鞭》，他就让主人公傻二加入义和团，在洋人的枪炮中检验了一下老祖宗传下的这根鞭子的功效。可以说，从1974年开始写作《义和拳》至今，这个题材在他心中反刍了四十多年。

"怪世奇谈"系列的创作，对冯骥才意义重大。一方面，这类文化反思小说，以前他没有写过；另一方面，在当年的文化热、寻根热和先锋小说浪潮中，他要"写出自己的'现代小说'"①，这就是他的成果。他要写的是这些"奇谈怪事"："其中净是些辫子小脚胡梳烟袋裹腿马褂帽翅扳指驴马车轿站笼捉奸打洋人，猜定都是先朝旧闻。人物大都张三李四王二麻之流。"②《神鞭》之外，还写了《三寸金莲》《阴阳八卦》两部，计划中，第四部就是《单筒望远镜》。1989年年初，冯骥才宣布："今年我要继续去年尚未完成的两个创作系列的工作。一是文化批判系列《怪世奇谈》的最后一部长篇小说《单筒望远镜》；……"③看来，《单筒望远镜》已在计划内，呼之欲出。它列入"怪世奇谈"系列，这就意味着，作者并非承袭《义和拳》《神鞭》的写法。因为种种原因，这一计划当时未能实现，直到三十年后，瓜落蒂熟，冯骥才一气呵成完成这部小说。

---

① 冯骥才：《激流中》，人民文学出版社，2017，第91页。
② 冯骥才：《闲扯——〈怪世奇谈〉总序》，《冯骥才名篇文库·三寸金莲》，江苏文艺出版社，1995，第1页。
③ 冯骥才：《希望有两个一九八九》，《冯骥才分类文集·8·案头随笔》第334页。在《冯骥才名篇文库·三寸金莲》一书中收入《闲扯——〈怪世奇谈〉总序》时，曾有注："《怪世奇谈》包括《神鞭》《三寸金莲》《阴阳八卦》和《单筒望远镜》四部，前三部已出版。"

一个题材在作家的心中形成、酝酿，以至最终完成，有着内外各种因素。说"反刍"，是有调整、变化、增幅，是在反复咀嚼中重新加工、酝酿和熔铸。很显然，它已经不是最初的模样了。作者自身阅历的变化，外界社会症候的变化，促动作者最终写出这部作品时机契机的变化，诸种因素都会影响作品的最后形态。

在不同阶段的创作中，我们能够看出冯骥才对同一题材处理的鲜明变化。《义和拳》创作于 1975—1977 年间[①]，难免受到当时意识形态的影响。小说设定的目标是：革命历史小说；对于义和团运动的定位是：中国近代史上一次重要的农民革命运动，也是中国人民第一次全国规模的反帝斗争[②]。这已经限定了该书的思想基调、表现手法。小说中有几段话颇能彰显作者的用心："无数义和团民为了祖国，毫不吝惜自己的生命，无怨地战死在沙场上。他们每个人都是平凡的，普通的，但从生到死都是一个动人心弦的故事。他们又是无名的，历史记载不下如此之多的、这千千万万人的故事，却把他们像波涛汹涌的大海一样的豪情与浩气，倾注在义和团——这光辉和英雄的旗帜上……"[③]要表现的就是这种英雄主义精神，还要强调"人民性"，特别是他们的"劳动人民"身份：

> 高高的城墙上，站着这几个穷苦的汉子，城高风急，吹得他们头上的巾带扑扑作响……别看他们衣衫破旧，说话粗粗拉拉，可这些汉子并不寻常，数万弟兄和

---

① 该书正文后署：1975 年 11 月 12 日第一稿于天津；1977 年 7 月 1 日第二稿于北京。
② 见该书的《内容说明》。
③ 冯骥才，李定兴：《义和拳》，第 783 页。

数十万百姓和他们站在一起,他们的心和大家紧紧相连。他们横下一条心来,要的是把这不平的天下翻个底儿朝天,要的是把欺负中国百姓的洋鬼子们一概打跑。几千年来,官修的史书从来不写他们的名字、胆气与才略,可是真正的英雄好汉正是他们,人类前进的大道正是他们开拓的,而吸吮人血的王公大臣、达官显贵却是道上的石头。你看,他们那高大矫健的身影,洋溢着多么动人的气吞山河的浩气啊!①

与此同时,小说还要写出他们从自发的反抗、革命意识,到自觉地革命的转变,以及那种民族尊严感和反帝精神:

"是啊!咱中国人不是脓包!不是胆小鼠辈!他绝不会受人欺侮!中国人是好强的!"
这几句铿锵作响的话,从来就像古老的中华民族的一双铁拳,打在任何无视中国人民的利令智昏的冒险家身上。现在中国人又要用这双无坚不摧的铁拳,来教训紫竹林内狂妄的洋鬼子们了!②

在创作之前,这些基本框架已经被设定,留给作者的空间已经十分有限。尽管如此,作者还是艰难地展露了他们的文学才华:对大场面的叙述有一定的驾驭功夫,细部的笔致比较细腻;一些人物虽然是按照那个时代英雄人物的标准来塑造的,难得"有血

---

① 冯骥才,李定兴:《义和拳》,第313页。
② 冯骥才,李定兴:《义和拳》,第547页。

有肉";整部作品有中国传统小说的"演义"特点①。

随后创作的《神灯前传》(《神灯》),仍然沿袭现实主义的、革命史的路数,不过,它毕竟完成于新时期文学肇始期,社会风气和作者的思想意识都在打开,二者都在尝试摆脱以往这类小说固有的模式。这部作品作者自己也感到写得"顺":"由于时代思想禁锢放弃,原先积淀在我心里的天津地域的乡土生活与情怀全涌了出来,笔也顺了……""写《神灯》时这种外在束缚没有了,我对红灯照的历史观可以任由自己,积淀心中的地域的生活文化也自然而然被焕发出来。"②正如他所言,小说最为鲜明的特点,是对于天津地域风情画的描摹,在这幅画卷上,几个性格鲜明的人物也活泛起来。卢万钟、大珍、玉侠等主要人物都有了自己的面孔而不是观念支配的产物,巴虎等几个小混混儿也写出了天津人的某些地域性格特征。小说写到教会与平民的冲突和矛盾,由此能够看出作者已摆脱原先的政治设定,回归历史的本真。

"俗世奇人"系列中的《神鞭》,不仅写义和团,而且是冯骥才整个小说创作发生决定性转变的作品。义和团的神勇,没有变,义和团的神力和神话,已是吹破的气泡。洋枪洋炮将"刀枪不入"的神话打得七零八散,也把傻二那根带着祖宗精血的"神鞭"(辫子)打断了,"他蒙了,傻了,不知道是怎么回事。一时

---

① 多年后,冯骥才反思:"小说愈写体量愈大,就必须查阅更多的资料文献。最费琢磨的是怎样使用资料,怎样把握当时的社会矛盾。这就会碰到不能违背的'文革'的意识形态与思想戒律,比如:义和团'扶清'不能写,坛口法事不能写,刀枪不入不能写,马玉昆和聂士成保卫津城不能写,义和团英雄的谬误不能写等等。"(《无路可逃》,人民文学出版社,2016,第181页。)

② 冯骥才:《凌汛:朝内大街166号》,人民文学出版社,2014,第23、51页。

好似提不住气,一泡尿下来,裤裆全湿了。"①冯骥才并不想把这批小说归类到地域小说中,虽然它们"津味"十足;他也不愿意沾当时方兴未艾的"寻根小说"的风光,虽然,他也在挖老祖宗的根。冯骥才认为他的小说表现的不仅仅是地域风情,还有对中国文化的整体观照,并且要写出地域的文化性格,质言之,它们在展示、呈现,更在反思,所以,他认为这是"文化反思"小说②。对于寻根文学与文化反思小说的差别,他认为:寻根文学时常表现某一历史时期、某一地域的文化状态,且迷醉于此,属于复古思潮,是现代人在对现代文明反思中向历史寻求精神弥补,特别是:"在'寻根'热潮中,传统文化重新显示它无穷的魅力。"③而文化反思,不是彰显魅力,而是指向它的反面,是挖掘这种"魅力"千百年来带给人们的束缚,以及可能对现实造成的危害。在"俗世奇人"系列中,"《神鞭》是写中国人文化的劣根性,《三寸金莲》是写中国人的文化束缚力,《阴阳八卦》写的是中国封建文化封闭系统的神秘性、迷惑性与荒诞性——当然,都是从负面角度来写中国的文化"④。这种反思,当然不是从天而降,而与当年"文化热"等大的文化氛围密切相关,在这之中,学术清理也好,文学创作的反思也罢,出发点或落脚点绝不是历史,而是现实,他们是为中国现代化进程及其在这个进程中

---

① 冯骥才:《神鞭》,《冯骥才分类文集·2·乡土传奇》,中州古籍出版社,2005,第218页。

② 冯骥才在《我为什么写〈三寸金莲〉》一文中认为,这类小说有三个特点:注重宏观地把握民族文化特征;注重紧紧地对准现实;注重塑造特有文化铸成的文化性格。见《冯骥才分类文集·14·金莲话语》第211页。

③ 冯骥才:《我为什么写〈三寸金莲〉》,《冯骥才分类文集·14·金莲话语》,中州古籍出版社,2005,第211页。

④ 冯骥才:《几句书外的话》,《冯骥才分类文集·9·书斋文存》,中州古籍出版社,2005,第211页。

产生的困惑求解，为期待中的社会大变革提供文化和思想资源。

这是《单筒望远镜》的前史，也是阅读它的基本背景。

二

关于《单筒望远镜》，在冯骥才的文字中，能够捕捉到他最初构想的蛛丝马迹，大概是这样的：1985年时，他说："阿里克塞也夫院士的《一九〇七年中国游记》一书……我非常想读这本书，因为我正准备写这一时期外国人在中国生活的小说。"①1987年，冯骥才说，《阴阳八卦》之后，"就该写东西方文化碰撞问题了"②。如今的《单筒望远镜》大体在原定的体系和范畴中，然而，我更关心的是，三十年后写出的这部小说，超出原定范畴的内容中有哪些？

这个问题一提出，我就意识到，即将跳到自设的陷阱中。三十年前的这部作品并没有写出来，哪怕一个详细的提纲，我都没有见过，却执意"捕风捉影"，只能是惨败而归。然而，这个南墙，我还是想去撞一把，这与其说要去追寻三十年前的影子，不如说，我想从当下的这个作品中，分析冯骥才的创作进程和变化；也可以说，是为了更为充分地认识《单筒望远镜》的自身特点。

我的揣测，最大的差异是作品的表现方式和叙述风格。对于前面三部作品，冯骥才概括："我给《神鞭》严肃的内涵，但以一个喜剧的形式和荒诞离奇的外表，因为我们对祖宗的尊崇已然

---

① 冯骥才：《关于〈感谢生活〉与苏联汉学家鲍里斯·弗里京（李福清）的通信》，《冯骥才分类文集·16·思想对话》，中州古籍出版社，2005，第298页。

② 冯骥才：《我为什么写〈三寸金莲〉》，《冯骥才分类文集·14·金莲话语》，第217页。

超过荒诞的程度；《三寸金莲》是正剧形式和悲剧色彩，内涵却充满荒诞，因为自今天眼光看，三寸金莲所象征的文化自我束缚无比荒唐；那么《阴阳八卦》中，从内容到形式全是荒唐的。所有人物的性格和行为都浸透这种荒唐的溶液。一是离奇感，一是悲剧感，一是荒唐感。"① 冯骥才是个不安于现状、总是求新求变的作家，然而，写作的惯性使他不容易在短时间内有彻底的变化，况且，同一系列的作品，表现方式和风格也没有必要变化。可是，一搁三十年就不一样了，当年的创作心境可能发生变化，即使不想变化，能否追回当年的创作状态又是另外一回事了。如今的《单筒望远镜》，悲剧感有，传奇性和荒诞感显然远远弱于前三部。《单筒望远镜》的变化很大，要追寻它的路数，单从写法上而言，它倒是承袭了最初名为《市井人物》，后来归总到"俗世奇人"的系列。这个系列的写作，虽然是《神鞭》《三寸金莲》"未被采纳"的"一些故事人物"。② 在写法上，《三寸金莲》等探索性更强，是化古为新，而"俗世奇人"以"拟古"的面貌回归传统，《单筒望远镜》承继的显然是"俗世奇人"的风韵。不过，"俗世奇人"的框架是笔记小说，而《单筒望远镜》不仅在篇幅上，在叙述层次、结构等方面是立体的、多次层的，写法上，是中国古典小说叙述的筋骨中含着西方现代小说的心魂。

前三部作品探索性强，那是作家血气方刚之时书写的，《单筒望远镜》与它们不一样，它是经验丰富的作家对创作把握自如的成熟作品。相对于少年气盛的写作者，经验写作滤去了很多浮

---

① 冯骥才：《关于〈阴阳八卦〉的附件》，《冯骥才分类文集·8·案头随笔》，中州古籍出版社，2005，第199页。
② 冯骥才：《〈俗世奇人〉前记》，《冯骥才分类文集·2·乡土传奇》，第7页。

躁之气，剩下的是繁华落尽后的淡远、自然。表面上，它并不饱满，是删繁就简三秋树；它并不复杂，是唯见长江天际流；它的情感不再那么浓烈，是长河落日圆的高远。他拼的不是气血旺，而是内力足。情绪、心情被俭省了，可是一双眼睛却有对世界和物象的穿透力。这种成熟表现在叙述上，则是从容，大气，尽得中国古典小说之风韵，旧技翻新不妨技高一筹。《单筒望远镜》总体叙述节奏徐缓有致，张弛有度，特别是上部，更显大家风范。上部第一章，从屋和树写起，本来从从容容，越写越沉重、越紧、越不对头，山雨欲来可就是不来，欧阳老爷"感到有些不妙"，这章就收尾了。到下一章，出来了一个悠悠闲闲逛大街的二少爷。再如上部的第六章，欧阳觉刚刚感觉娴贤已发现他与莎娜的事情，第七章却从欧阳家槐树的槐花写起，完全从前面的情节中转换出来，紧张变成舒缓，舒缓里潜伏不可测的预期。从一个情境跳出来，被转折或延宕的情节并不是静止的，它们可能被作者编织到某个没有显现的情节结构中，在恰当的时机才如潜龙出水。虚与实，明与暗，动与静，简与繁，作者拿捏得很有分寸。从细微处看，作者娴熟地采用中国古典小说"草蛇灰线，伏脉千里"的笔法，亦如契诃夫所讲，作品里没有闲置的物件，假如不打算开火，就别让一支上膛的来福枪出现。作者精心布置了很多在后来打响的"枪"，给人以非同凡响的效果。上部第六章，写到欧阳觉与莎娜尽得鱼水之欢，文字渲染已淋漓尽致，接下来是极其容易产生平庸的败笔的地方，此时，作者却让一只狗出现了：

在这狂风暴雨过后，他们像死了一样，莎娜赤裸地趴在他的身上一动不动，他们谁都不动。生命停摆了。

他们在享受这神奇的一刻吗?

好像过了许久,她忽然叫了一声,他们听到了什么动静,都吓了一跳。坐起来后,发现楼梯的下端多了一团挺大的东西。开始以为是人,定下神来一瞧,原来是前两天他在她家看到的那只浅棕色的卷毛大狗。它趴在那里一动不动,好像早就趴在那里,没有出声,它不想打扰他们吗?它的目光似乎有点儿柔和,呆呆地望着他们,直到他们穿上衣服,走下来。①

莎娜示意,爸爸让这只狗找她回家了。狗的出现,真是神来之笔!然而,它并不是彗星一现,在小说的结尾,作者又用到它。如果前面是天堂模样,这次则是不折不扣的地狱图景:

当他把手里的刀提起来时,他听到一个呼噜的声音在旁边发出。一看,原来尸体不远的地方,趴着一只卷毛的洋狗就是那只浅棕色的卷毛狗!它在守护着自己的主人。

它发过呼噜一声之后,便不再出声,一动不动趴在那里就像在小白楼那天,在他走下阁楼看到它时的那样。它好像还认得他,目光有一点点儿柔和,静静地看看他。②

这是硝烟遍地、尸横遍野中震撼人心的一幕。

再扩大一点儿看,叙述中的点,又被冯骥才凝聚成块,这个

---

① 冯骥才:《单筒望远镜》,第77页。
② 冯骥才:《单筒望远镜》,第246页。

块就是物象，它们是整体情节的关节和要害。抓住一些物象，赋予特殊的意义，使之成为主题开掘的矿山，历来都是冯骥才的拿手好戏。辫子、小脚、金匣子，无不如此。《单筒望远镜》中，他再次炫技。作为文眼的单筒望远镜，自不必说，其他的物象也寓意丰富。如那棵老槐树，关乎国运、家运和命运，一枝一叶牵动人心。两个人幽会的小白楼，所在的位置很有究竟，它是租界里的伊甸园吗？为什么废弃在那里呢？值得思量。莎娜身体所发出来的体香，挥之不去的香气，虽然默默无语，却搅动万顷巨波。抓住这些物象，简化其他的叙述，且以白描的功夫直陈于读者面前，少少许胜多多许。《单筒望远镜》中这样的例子俯拾即是，如写娴贤恪守传统妇道对丈夫的挚爱，作者仅用为丈夫剥瓜子一项就足矣。两人相对时，她在剥；独守空房时，她为等他回来在剥。最后，当欧阳觉看到死去的娴贤，又看到三瓷缸满满的瓜子仁儿时，真是此时无声胜有声。聚焦在这些物象上，中心突出又使小说有了非常开阔的空间，不动声色的发力收到举重若轻的效果。

  从点、块，到面，若从大处着眼，我们还能看到，《单筒望远镜》其实是发散性的结构，情节线索并不单纯，叠床架屋却井然有序，这个层次感的把握，非大手笔难以控制。小说采取全知的视角，让每个情节都透亮，读者胸怀全局。而书中的人物却在某一刻受阻，这种受阻是偶然，是戏剧性，是命运？各种都有吧，总之，让阅读者唏嘘不已。如下半部最关键的情节，就是欧阳觉冒死去见莎娜，却被抓入义和团。莎娜不知道这个情况，欧阳觉要带给莎娜的信儿，马老板没有带到，欧阳觉和莎娜都不知道。莎娜到纸店几次找他，欧阳觉又是时过境迁后才知道的。欧阳觉失踪，跟一个洋女人有关，父亲、妻子家里人都不知道，大哥知道却不说。

妻子怀疑丈夫有了外遇,且可能跟失踪有关,又没有让父亲等人知道……循环往复,或相互交织,每一条水流总是在差那么一点点儿的地方被卡住,就是融汇不到一起。作者苦心经营,让读者步步惊心。金圣叹评《水浒传》中宋江躲避抓捕一节的写作给读者形成的阅读感受时说:"读者本在书外,却不知何故一时便若打并一片心魂,共受若干警吓者。灯昏窗响,壁动鬼出,笔墨之事,能令依正一齐震动,真奇绝也。"①

从另外一个大面上讲,作者很喜欢黑白分明的对比,由此将小说内在的张力增强。《单筒望远镜》中,欧阳家两个少爷和两个少奶奶性格的对比,莎娜与嫩贤的对比,欧阳家与莎娜家的对比,老城与租界的对比,更不用说中西生活方式和物件对比。我还发现,这样的对比,作者并不避讳黑白分明、二元对立,比如写欧阳家两位少奶奶,就是那样,性格截然相反,也就十分分明。黑白分明,简单又直白,这种写法真是艺高人胆大,不过,中国民间艺术的传统就是这样,以简驭繁,最大的反差才有最鲜明的印象,大红大绿,夺人耳目。

三

作为有着丰富阅历的写作者的经验写作,《单筒望远镜》文字世界背后的文化和精神构成要远远大于呈现出来的文字和它十五万字的篇幅。

在具体的文字背后,有经验、文化、见识等在垫底。小说开

---

① 金圣叹:《第五才子书施耐庵水浒传》第41回总批,转引自徐中玉主编《中国古代文艺理论专题资料丛刊》第3册,中国社会科学出版社,2013,第692页。

篇，谈这座房之存无，说："在那个时代的天津，没见过这房子就是没眼福，就像没听过刘赶三的《十八扯》就是没耳福，没吃过八大家卞家的炸鱼皮就是没口福，但是比起来，这个眼福还要重要。"①这本是极其平常的叙述语言，然而作者在不动声色的语流中却裹挟很有分量的信息，这里谈到的津门两大"看点"已经很是诱人，叙述者又似一个见多识广的人，顺口提到的事情又不屑于解释，却让你不由得想探究《十八扯》和炸鱼皮是怎么回事？欧阳家有遮天蔽日的古槐，作者说："在古诗文中，他最迷的就是苏轼。自然就想起苏轼《三槐堂铭》中那句'槐荫满堂'，十分契合他这院子……"②并因此给这里命名"槐荫堂"。这也是一笔带过，却让人不能不有很多联想。"槐荫满堂"，从苏轼铭中来，也是写实。欧阳老爷得意并非树茂，而是苏轼后面一句："郁郁三槐，惟德之符。"这是一个家庭积德的象征啊。这是吉祥话，也与主人的追求和内心境界紧密相连。欧阳老爷是个经商人，迷的又是苏轼，能够看出心胸的开阔和不汲汲于利的淡泊。在这前面，作者还交代：浙江多是书香门第出来，是儒商，又与喜爱古诗文迷苏轼勾连上去，把这家主人的身份确定下来了。在这番叙述中还顺带比较了浙江和江苏"江南"两省人的不同……这并非单纯的"知识"，而是小说的空气，滋养着小说的枝叶生长，却又不是巨石瓦块挡在路中间。

经验之增厚，反证了三十余年"反刍"的功效和为这部作品增加的内力：

打开这部小说，眼前仿佛摊开一张天津地图：府署街，估

---

① 冯骥才：《单筒望远镜》，第1页。
② 冯骥才：《单筒望远镜》，第9页。

衣街，钟楼，娘娘宫，紫竹林租界，望海楼教堂，英租界的戈登堂，大清邮局，隆盛酱园，妓院扎堆的侯家后，天仙池澡堂子，卖关东糖的鼓楼金声园，卖绒花的宫南老店玉泰丰，卖肉丝面的玉食轩……这些岂止是地名和字号，它们是天津文化地理的分布图，有这个城市的构架和人们日常生活的记忆。比如《单筒望远镜》中，欧阳觉与莎娜第一次见面，便是带莎娜去逛天后宫（娘娘宫），天津有很多可逛的地方，为什么选择此地？再进一步看，欧阳家的纸店裕光纸店，怎么偏偏安排在天后宫的斜对面，看似随意，自然而然，背后却有作者的苦心安排。作者研究过天津文化的成因，他认为："它的全部奥秘竟然深藏在一座古庙——天后宫中。""透过天后宫的演化，可以看到天津城市形成的过程中，原始的农民文化心态，顺利地转化为小商小贩式市民文化心态。"①商埠居民性喜热闹的脾性，务实的精神，以及它的保守性都能通过人们与这座庙的关系体现出来，这是特征鲜明的地域文化符号，在洋人探究这座城市的过程中，自然是当仁不让的首选。

　　《单筒望远镜》文字俭省，省略了很多情节进程中的文字描写，而写到天津城，却是笔笔落实，甚至旁逸斜出，并不轻易滑过，冯骥才由此搭建了一个极其坚实的物理空间。一个有成熟写作经验的小说家，完全可以用文字轻易地回避这些"硬知识"，不过，这样的取巧得到的报酬经常是作品的轻飘，而有一部有分量的作品和有追求的作家，必然会迎难而上，他在镂刻着自己的艺术世界时，不容手下还有懈怠的一刀。我从乔伊斯的书信中曾读到过他无比认真的求教，都是他写给约瑟芬舅妈（威廉·默里夫人）的。

---

① 冯骥才：《天后宫与天津人》，《冯骥才分类文集·8·案头随笔》，第261、263页。

"我想知道一些关于'海之星'教堂的情况,它临海的一面是否有常春藤,利希的平台一边或附近有无树木?如果有,是些什么树,有无台阶通向海滩?我也需要你能提供给我的所有信息,有关于霍利斯街产科医院的闲言碎语及事实情况等等。我的书里的两章仍然没有完成,就等你提供这些情况,如果你能为我牺牲几个钟头的时间写一封详细的长信我将不胜感激。"[1]这里说的"书里的两章"是指《尤利西斯》中的《瑙西卡》《太阳神的牛》,他对细节的要求到了有什么树都要精确的地步。另外的一封信同样要求严苛:"一个普通人或许不可能从教会街7号的庭院栅栏上翻过去,不管是从道路上还是从台阶上,在栅栏最低的地方把身体吊下来,吊到脚离地面有两三英尺的地方,跳下来而不会受伤。我亲眼看见有人这么干过,但那人的块头像个运动员。我要详细知道这种情况,以便决定一个段落中的措辞。"[2]此时已经是《尤利西斯》写作和修改的最后阶段了,然而,这位大师却要这些细节"决定一个段落中的措辞",这从另一方面提示我们,巨著恰恰并不忽略精确。由此反观《单筒望远镜》,我们自然也会明白作者这种良苦用心。乔伊斯曾有豪言:多少年后,都柏林倘若不在了,凭他的书可以复建。冯骥才笔下的天津城已经消失大半,我们至少可以凭此悼念。

延宕了三十年的写作,作者并非是在空白地等待。这三十年来,冯骥才由对故土文化的一往情深到身体力行地扑到城市文化保护的第一线,这样的经验积累对于他写作《单筒望远镜》中的

---

[1] 乔伊斯 1920 年 2 月致威廉·默里夫人:《乔伊斯文集·乔伊斯书信集》,蒲隆译,上海译文出版社,2013,第 310 页。

[2] 乔伊斯 1921 年 11 月 2 日致威廉·默里夫人:《乔伊斯文集·乔伊斯书信集》,第 353 页。

老天津肯定有输血作用。包括对于民间文化从感性的体验到理性的认识，对于天津文化、天津人的宏观估量，都构成这部小说内在的精魂。1994年，冯骥才在发起天津地域文化采风，并编辑《天津老房子》等画册之后，接受采访时曾表示，这样的考察，令他加深了对天津地域文化结构的认识："此前，史学界一直将天津的地域文化约略地看作中西两种文化并存，但对本土文化的内在结构的认识比较模糊。本次考察从大量鲜活的材料中得出新的认识是，天津的本土文化应分为两个空间——老城文化空间与码头文化空间。前者为儒家精神所笼罩，严正整饬，具有中国北方古城那种规范化的特征；后者则因流动的海河养育而成，灵活通达，强悍好胜，促使天津崛起为近代北方商埠风格独异的人文背景。这样，从城市的独特性看，天津保存着三个历史空间，即方才说的老城范围内的本土文化，沿河存在的码头文化，还有以旧租界为中心的近代文化。"① 这对我们阅读《单筒望远镜》也是一个很好的提示，小说里写的居住老城的欧阳家，由儒家精神滋养；闹义和团的村镇、码头，乃码头文化极盛的地方，莎娜居住的紫竹林租界，自然是西方近代文化的落脚点，地域文化自然而然成为这部小说的精神底色。用文化浸透文字，那腌过的味道里有地域的精气神儿，抓住了地域文化性格，这与用某些方言表现某一地域文化的皮表是不可同日而语的。《单筒望远镜》并没有太多的方言元素，可是，从头到脚无不呈现着十足的津味，道理就在于此。写作，落实到文字上，是看字不是听音，从这个角度讲，为人们津津乐道的"方言写作"有可能是一个伪问题。对此，冯

---

① 冯骥才：《保护历史文化空间——冯骥才、李仁臣对话录》，《冯骥才分类文集·16·思想对话》，第221页。

骥才早有把握，他说："一个地方的语言特征，并不在方言上，而是在语言的'神'上。特别是把口语转化为书面文字时，语言是可以再造的。如果你把语言的神拿出来，很多东西都出来了。天津人有股嘎劲儿，有跟人较劲的东西，有码头人脑袋的灵活，它是地方语言的精髓，渗透在每一字、每句话的转折，以及语言的节奏里。""在我的语言里找一找，并没有太多的方言。比如我用的'赛'，就是'好像'的意思，还有'嘛'，就是'什么'，都是最有地方特点的天津话。我只用几个这样的字稍微勾一下，让人觉得是天津味就可以了，方言太多反而是文化障碍……"①《单筒望远镜》可以说是他的这些理念的再一次语言实践。

经验增厚的第二点，乃是冯骥才对于义和团运动有了多元的视角和开阔的视野。2000年，冯骥才写过一篇《正视耻辱》，对于书写"义和团"陷入的两个极端境地表示不满：义和团要么被看作顶天立地的农民革命英雄，要么就是装神弄鬼的愚氓。——历史的复杂性被非左即右的逻辑肢解②。《单筒望远镜》的写作是对这种逻辑的超越，也是对冯骥才以往同类题材写作的超越，它让欧阳觉"打入"义和团内部，又是用一双陌生化的眼睛来审视这个队伍、这些人。在那段被困在义和团的日子里，他接触的形形色色的人都构成对于义和团多方位的呈现。首领刘十九，神秘，被宣扬有刘伯温附体，还享有高高在上的特权，然而，作者也写到战场上他的英勇和不凡的气势，"他真像一尊神似的坐在那匹高大俊美的红鬃马上，叫人望而生畏！"③"三师兄"在沉

---

① 冯骥才：《忧思与行动——冯骥才、周立民对谈录》，漓江出版社，2015，第143、144页。
② 冯骥才：《正视耻辱》，《冯骥才分类文集·8·案头随笔》，第260页。
③ 冯骥才：《单筒望远镜》，第201页。

默寡言中有人性显露，还有只是认字识数却喜欢被叫"爷"的朱三。作者从义和团的人员构成中，用他们人的本性、内心、行动来重新认识义和团，而不是用阶级性来定义和抽象地概括他们。小说中也写到民众与义和团的隔阂，真假义和团骚扰百姓，还有义和团的非理性、暴力性，如与欧阳觉关在一起的那个开药铺的人，被人拉去教堂三四次，便被欠钱的邻居告发为"洋人的奸细"，而村人没有人敢为他做担保，最后只有被义和团砍头。这还原了复杂的历史，又写出了特殊境遇中的人性。作者写他们以血肉之躯不避枪炮的勇敢，失败后被杀戮的悲惨命运，也写他们的简单、粗暴和愚昧，但是，不是把他们当作历史符号，而是当作具体的人来写，是深入历史情境和人物内心来写，而不是简单化、表面化，所以，哪怕写他们施法术、"刀枪不入"，也不是用滑稽的笔法，这种严正的叙述，让我们看到悲剧中人，且不乏悲壮。

由此，也牵扯出第三个问题，作者对东西方文化交流或碰撞的看法，这也是《单筒望远镜》要反思的核心问题。在这方面，作者也有很多知识和认识上的储备，比如2000年在《鲁迅的功与"过"——国民性批判之批判》一文中，他就曾提醒我们，国民性批判话语中包藏着西方中心主义，其后有"那些传教士陈旧又高傲的面孔"[1]。这能够看出他对近代中国东西方文化碰撞中的诸种问题的关注和思考已经很深入。《单筒望远镜》下半部，写到义和团的失败，天津城的被攻陷，以及战争所造成的人员和财产的触目惊心的损失，都明白无误地显示作为弱者的东方文化与强势而来甚至是强盗式的西方文化相碰撞时的悲惨境地。这种

---

[1] 冯骥才：《鲁迅的功与"过"——国民性批判之批判》，《冯骥才分类文集·8·案头随笔》，第59页。

状况自然也不是用这样一句简单的话语可以概括和界定的,它是多种因素交织在一起的,本身非常复杂。冯骥才对于闯进家园中的强盗的霸权行为有清醒的认识,然而仅限于此,显然不够,他还呼唤"正视国耻",在控诉和谴责之外,也要反思自身的问题,从而才能自强自立。作者认为:"落后和愚昧是封闭专制主义封闭政治的结果,落后和愚昧又使我们自食苦果。"为此,他呼吁"开放",呼吁"交流"①。在这样的前提下,冯骥才曾进一步思考天津的近代文化形态,特别是东西方文化交流中的关键问题。他有几个观点值得注意:西方文化基本存在于租界之中,1919年以前,对本土天津人影响有限。与帝都靠近,天津人文化具有相当的保守性:

> 这文化上保守性的更深远的背景,则由于天津是中外政治军事冲突的前沿。自1840年鸦片战争之后,近代史上最重大的事件一半以上与天津有关。1860年第二次鸦片战争,1870年天津教案,1900年义和团运动,等等。列强的霸悍凌辱与强烈的民族自尊酿成一种排外情绪,曾经深深积淀在本地的文化心理中。故而,上海与天津虽然都是最早接受外来事物的大城市,但上海的文化心理是崇洋,而天津——只有在租界内与上海近似,本土的大众对于"洋"字,从不顶礼膜拜,最多也是好奇而已,此外还要加上挺强硬一条便是,不买洋人的账。②

---

① 冯骥才:《一百年的教训》,《冯骥才分类文集·8·案头随笔》,第339页。
② 冯骥才:《指指点点说津门》,《冯骥才分类文集·8·案头随笔》,第238页。

正是在这样不平等、不对等的交流和碰撞中，《单筒望远镜》的故事缓缓拉开帷幕。

四

"单筒望远镜成为文化对视的绝妙象征：世界是单向的，文化是放大的，现实就在眼前，却遥远得不可思议。"① 当它第一次出现在欧阳觉面前时，他感到"奇怪"、惊讶、"如此神奇"。他用中国"四大天将"的"千里眼"来称呼它，而处在翻译角色的马老板则是提醒它："这是洋人打仗时用的，远处的东西，拿它一照，全都看得清清楚楚。"② 欧阳觉这时候不会注意这句"打仗时用的"。望远镜在他和莎娜中间，是两个人最美好的回忆的媒介，他们用它看清了各自的居处和他们身处的城市，在这个过程里，还有他们情感的交流，全是兴奋和温馨的回忆。

然而，望远镜本来的功用，还是不容忽略。它第二次出现在作品中时，作者已经暗示了这一点。欧阳觉第一次来到租界里莎娜的家，他看的是军刀和手枪，接着才是望远镜。莎娜的爸爸是法军的指挥官，这些东西都属于他的，而他，也是这座城市即将迎来的这场战争的指挥官之一。这里存在着让人无所适从的矛盾，尽管，莎娜和他都不喜欢手枪和军刀，他们抓起望远镜奔向他们的天堂——小白楼，可是，这些难道是可以逃避得了的吗？谁也不清楚，透过那镜片看到的，究竟算真实，还是幻景，即便是幻景，两个人也要不顾一切地抓住。望远镜第三次出现，它已成为他们

---

① 见《单筒望远镜》一书的《内容简介》。
② 冯骥才：《单筒望远镜》，第27页。

最亲密的关系发展的美好见证,现实的一切,透过望远镜得到确认,幸福让两个人眩晕和不能自拔。《单筒望远镜》笔笔写实,却在全书最主要的情节上营造了一个巨大的传奇。在华洋几乎不来往的时代里,在"来往"就是对峙和攻击的岁月里,作者安排一段惊天动地的爱情故事,这难道不是巨大的传奇吗?

这段像天国童话一样的爱情故事,它的结局却是尸横遍野中的绝望:

> 在前边一片开阔地上,他看到许多黑乌鸦,还有一些狗。不知是饿狗还是野狼。那时代天津这边的荒野可以通往关外,野狼偶尔也会窜到这边来。
>
> 战地从来是这些家伙大快朵颐的地方。他一走近,这些家伙就四处散开,停在不远的地方盯着他。他看到沾满猩红的血迹的野地上有一些残尸,被野狗野狼咬开的地方还很鲜嫩。突然,一具无头尸跳入他的眼帘。这个人肯定是让炸弹炸去了脑袋。
>
> 他发现这个无头尸的一只手里拿着的手枪很奇特,枪筒出奇的长,似曾相识。他忽想到莎娜说过的话,她说她爸爸非常喜欢这种长筒手枪,因为长筒手枪可以射得非常远。她还说她也不喜欢这东西。
>
> 欧阳觉马上去看这个尸体的身体部分,似乎想寻找什么,果然他看到了,在这尸体的腰间别着一根铜管,正是那只望远镜,他太熟悉的单筒望远镜!
>
> 这是最能叫他动心的东西,但是——现在他却无动于衷。

这人正是莎娜的爸爸,他肯定是洋人进攻天津的一个指挥官吧。①

此时,他家破人亡,国破城亡,梦一样的爱情也已破灭,值此时刻,面对"最能叫他动心的东西"时,他是彻底的麻木,还是情感上的拒斥?他爱的人的爸爸,正是这场灾难的制造者,直接或间接地杀死了他的父亲和妻子,一切都是那么悖谬和不可思议。这场灾难来临前,父亲就有预感,还提醒他:"国事、家事全都连着,你先把写字画画儿的事撂一撂吧。"②此时,如果想起这些话,他会是什么心情?马老板不是早就说过这是打仗用的东西吗?它带来美好,也会带来灾难。——这或许正是东西方文化在这座城市交融的隐喻。它以大炮抢占进来的时候,带来的是强权和不义。然而,它却又给这个城市带来了近代文明,加快了城市的现代化。

欧阳觉面对的结果,几乎是早就可以预料得到的。当他还沉浸在这段感情中不能自拔的时候,马老板已经"被吓呆了",他说:"二少爷您可千万不能再到租界那边去了。自打昨天,白河上来了好多外国兵船,哪国都有,租界里到处是洋兵,联军的总部就设在英租界的戈登堂。马上要和咱们这边打仗了。这会儿要是叫洋兵逮着就真没命了。再说,山东、河北的义和团都往咱天津这边拥,如果叫他们以为您私通洋人,也没命了。莎娜小姐可是个洋人呵!"③这不是警告,而是现实,或者说这就是当时的"大势",连来往于

---

① 冯骥才:《单筒望远镜》,第 244 页。
② 冯骥才:《单筒望远镜》,第 57—58 页。
③ 冯骥才:《单筒望远镜》,第 97 页。

华洋两界的"二毛子"马老板都这么认为的，更不要说普通中国人，自然更不用说"义和团"了。从来没有与弟弟红过脸的大哥甚至出手打了他，更见此事的严重程度，这绝不是公子哥儿闹着玩的！所以，大哥的话更狠："这种连王八蛋都不干的事，你干？要是叫娴贤和爹知道了怎么办？不是要他们命吗？租界那边都有人知道了，这边能没人知道？你不是要把咱家全毁了吗？你叫我怎么办？"②——"这种连王八蛋都不干的事，你干？"这个质问中，能看到：这个情感不仅仅是对妻子的背叛问题，而是毁全家的问题。冒天下之大不韪的是，"莎娜小姐可是个洋人呵"！我甚至想象，在那个时代中，欧阳觉哪怕去逛逛妓院都是可以为道德宽容的，唯独他与一个洋小姐发生这样一段情感是天地不容的。

　　天地不容，就惊天动地。这也正是《单筒望远镜》可以感天动地之处。

　　在一个正常的交流和情感的发展已是绝望的结果下，两个人依然不顾一切地投入自己的情感，无法抵挡的诱惑，无法言说的甜蜜，这些恰恰证明：它不是罪恶，反而是人间最美好的感情。而要接受这样的"美好"，必然得超越伦理、民族、国家等的现有预设，回归到人和人性的本身。冷酷地讲，这也许只能是作者营造出来的一个乌托邦，在整个城市，在两个种族都在厮杀的时候，那个荒芜、破败的小白楼里却可以飘出"异香"，这怎么可以？这也是作品的精神超越现实的地方，而一部长篇小说，倘若没有这样超越性的精神结构，哪怕搭建得再严丝合缝，它也是立不起来的。这两个人，从连名字都叫不清楚，从每一句话需要翻译传译，到创造了自己的交流方式，乃至超越了语言可以传情达意，以至让文明和负载的一切都退场，直接用肢体、用最野性也最原始的人类"语言"来交流。他们的交流、相爱，是超越国界、种族和文化的，作者的这一种设置，是超越具体民族的人类意识。尽管，它未必通向光明，而是带来那么悲惨的结局，可是只要这种的意识存在就会救赎我们狭隘的心理和各种为先验的观念蒙垢的灵魂。这是这部小说最感染人、淘洗心灵的地方，尤其是在今天，民族主义又在抬头、民粹主义不断还魂的世界格局下，作者的这一笔是浓墨重彩的一笔，再一次让我们感觉到，他的文化反思小说，不是迷恋骸骨，而是面对现实。

多年前，在写那组"海外趣谈"系列短文时，冯骥才曾亦庄亦谐地说过这样的话："上帝创造这个世界时，完全出于好玩，横竖切了两刀。一刀，分开了男人和女人；一刀，分开了东方和西方，这就给世界带来麻烦。""人类不满意上帝的恶作剧。男女之间便创造了爱情，东西方之间便致力交流。每一小时，世界上都有无数男女结合，都有千千万万人往来于东西方。但是男人眼里的女人，永远不是女人眼里的女人，女人眼里的男人，也永远不是男人眼里的男人；东方人眼里的西方人，永远不是西方人眼里的西方人，西方人眼里的东方人，也永远不是东方人眼里的东方人。种种离异与恩怨，误解与冲突，便困扰着整个人类的历史。"[①] 我仿佛在这里找到了《单筒望远镜》的精神图谱。当时，他曾给出过一个答案："不再相信东西方可以完全融合，却又相信，只有相互认识到区别，才能如山水日月，光辉互映，相安共存。"[②] 还原到《单筒望远镜》，我想，莎娜身上的异香，让人心醉神迷；

---

① 冯骥才：《东方与西方·楔子》，《冯骥才分类文集 11·他乡发现》，中州古籍出版社，2005，第 12 页。
② 冯骥才：《东方与西方·楔子》，《冯骥才分类文集 11·他乡发现》，第 12 页。

而娴贤把落花搜集起来的槐香,则淡远、悠长,它们可以相互取代吗,不能,也没有这个必要……

最初,冯骥才构思《单筒望远镜》,他对这番话未必感触那么深,然而,随着《单筒望远镜》里的那些人物的出现和面目渐渐清晰,看到欧阳觉为了相会在荒野中奔走,莎娜那双幽蓝的眼睛,娴贤哀怨又柔和的目光……这个时候再体味自己说过的话,理性和情感恐怕都变得异常沉重。这些年来,冯骥才倾听俄罗斯,关注巴黎的艺术至上,体察维也纳情感,在对欧罗巴美人的打量中,行走在中国大地的民间花海中所获得的资源、力量和营养,已经在《单筒望远镜》中体现得十分充足。对于作家来讲,生命的涵养并非可有可无,而是至关重要。作家,其实有两张稿纸的,一张是在书案上书写,一张是在大地上用生命书写,每一位艺术大师都是把这两张纸裱在了一起,才算完成了生命的杰作。不是这样的吗?

2019年3月4—5日于竹笑居

寻找彼岸

——冯骥才文化思想与行动浅疏

我本来要用"踽踽独行的身影"作为本文的题目，因为提到冯骥才就有一幅画面在我脑海中总是挥之不去。那就是一个高大的身影在风雨中艰难行进，脚下是一片湿滑的泥泞，前方是雨雾茫茫的荒野——这并非出自我的想象，而是他两次民间艺术抢救活动的真实情景①。像这样的经历，在他恐怕还有很多，近年来，他一直风尘仆仆地奔波在中国的大地上，用"踽踽独行"来形容似乎不太确切吧？我们看到的常常是激情四溢、侃侃而谈的冯骥才，是把中国民间文化抢救工程从一个呼吁变成全国文化大普查的冯骥才，说他能够呼风唤雨可能有些过分，但也不至于"踽踽独行"吧？不知为什么，我感觉到的总不是他光彩四溢的那一面，而是他的忧心、焦虑、叹息、渴望理解，甚至还有一种孤独。"这些年我像堂·吉诃德一样四处奔跑，最终我趴下了，感觉到彻底的失败。……我是个彻底的失败者。我还有什么脸面说我自己成

---

① 一次是 2003 年 10 月 10 日在河北武强发掘年画古版，一次是其后在河南滑县的年画考察。

功呢？我致力于保护的城市的历史文化全完了。我凭什么说自己成功呢？现在，我开始担心城市的文化悲剧在农村上演。"①"当今文化遗存的悲哀是，只要你找到它——它一准是身陷绝境，面污形秽，奄奄一息。"② 面对着这样的自白，我良久无语。他很清醒自己的力量："我们为之努力和奋争而得到的会十分有限。那无以估量的已知和未知的历史文明最终要像长江的遗存那样丧入浩荡的江底。"③ 然而，即便这样，他仍不轻言放弃，依旧如同堂·吉诃德那样披挂上阵，挥舞长矛四面出击。

  从本质上而言，冯骥才是一个理想主义者，在他的身上有着作家的情怀、知识分子的行动和启蒙者的担当。或许，他的一幅画能够形象地展示他的生命状态：在茫茫的波涛汹涌的大江中，有一叶扁舟，还有几乎看不清的骁勇的弄舟人。在画的题记中他写道："壬申秋日，余过长江巫峡时，见一小舟在浩荡大江汹涌激流中奋力划行，是奔向目标还是寻找彼岸不得而知也，看似宏大音乐中一个跳跃而顽强的音符。遂心生画意，因作是图。"这幅画他命名为"寻找彼岸"，恰如其分，"跳跃而顽强"是他的精神状态，"寻找彼岸"是他这些年来的精神追求。在一个物欲横流的时代中，"彼岸"是人在现实层面外的另一种需求，是感染着他、鼓舞着他、支持着他的强大力量。在当今，强调"寻找彼岸""精神至上"无疑是在逆着时光行走，这样的人或许注定要"踽踽独行"？我犹豫好久还是不忍用这个词，如果只有冯骥

---

① 冯骥才：《古村落是最大的文化遗产》，《灵魂不能下跪》，宁夏人民出版社，2007，第62页。
② 冯骥才：《癸未手记》，《灵魂不能下跪》，宁夏人民出版社，2007，第441—442页。
③ 冯骥才：《癸未手记》，《灵魂不能下跪》，宁夏人民出版社，2007，第454页。

才在独行,那么中国知识界应当感到惭愧,我们这个民族应当脸红,还是留一点儿面子吧。对于冯骥才而言,我觉得现在还不是急于从什么理论高度去总结和概括他的时候,他更需要理解、需要呼应、需要更多的人与他一起行动,所以,本文立意不在总结,而在疏解,在疏解冯骥才的言行中,唤醒我们的文化激情和文化责任感。

西塘的那只蝴蝶——一个作家的文化关注

自从 20 世纪 90 年代,冯骥才开始大张旗鼓地从事城市文化保护,乃至以后一发而不可收拾之后,在很多人眼里,他似乎改变了作家的身份——尽管,在晚近他还曾有小说创作①,而且他不断有朴素大气、情感充沛的散文发表②。我却始终认为,外表改变了,内在的心理气质和思维方式却没有改变,更为值得探讨的是冯骥才以文学(艺术)的思维在进行文化思考和行动,为大文化的思考和实践带来了怎样独特的视角和活力③。这么说,乃是基于这样一个前提:从事民间文化保护、城市文化抢救的大概不止冯骥才一人,但就影响力和号召力而言,冯骥才确是首屈一指。分析其中的原因,不是我的目的,探讨作家的思维方式和情感方式的介入为当代文化的构建增添了什么,倒是我感兴趣的事

---

① 《抬头老婆低头汉》发表于《上海文学》2006 年第 4 期;《胡子》发表于《收获》2006 年第 6 期。在此之前,短篇小说集《俗世奇人》由作家出版社 2000 年出版。

② 冯骥才写域外见闻的散文集《巴黎,艺术至上》(2002 年)、《倾听俄罗斯》(2003 年)、《维也纳情感》(2003 年)等都是极有特色的文化散文;他的《武强秘藏古版画发掘记》(2004 年)等"行动散文"也是耐人品味的跨文体写作。

③ 因为不是本文讨论的论题,所以,我没有多谈,其实从文学的角度,冯骥才的思考、行动对于拓宽中国当代文学的视野、增强它的开放性,也有着极为重要的意义,也是讨论的好题目。

情,或者可以从另外一个角度来认识这个问题,即当代文化中如果缺了作家的情怀和文学的魅力那会怎么样?这个问题再推进一步,一个社会如果只关心物化的东西而忽略了情感和心灵那将怎么样?一个作家只有个人的小情小调而没有与社会共振的大悲欢又将怎样?总之,冯骥才的言行有助于我们思考一个人文知识分子的所作所为在当下社会中的价值和意义。

不论做什么,冯骥才都毫不掩饰自己的情感,对文化的情感和对关注对象的情感。这种情感不是来自某一种文化理论或抽象观念,而是来自内心中对于生活的一种热爱,他在生活中发现美,找到了他热爱的事物,以作家的方式感受它们,描述它们。比如,他对民间文化的热爱,在很大程度上讲是对生活本身的重视,他不是在虚空地谈美谈精神,而是始终落脚在生活上。如他认为非物质文化大多是由老百姓创造的、共同认同的,"它是养育我们的一种生活文化,每个人都是在这共同的文化中成长起来的。因此,它直接表达着各个民族的个性特征,还有各自的认同感、亲和力与凝聚力。"① 他强调文化与生活的联系,更从个人的感受出发去认识一种文化,他反复说:"民间文化是广大群众自己创造的文化,是源头,根基的。从精神意义上说,它是一个民族情感和理想的载体,是大众愿望和审美的直接表现,是一种生活文化,是和生活融为一体的。"② 这是一种立足人本的阐释方式,它贯穿在冯骥才整个文化保护和抢救的言行中。对于天津城市文化保护,首先因为这是他生于斯长于斯的城市,是他灵魂的巢,也是贮满他情感记忆的地方。"城市就像母亲那样,不仅为我们

---

① 冯骥才:《文化遗产日的意义》,《灵魂不能下跪》,第5页。
② 冯骥才:《不能拒绝的神圣使命》,《灵魂不能下跪》,第24页。

遮风挡雨，供给我们衣食住行，还给我们天光水色，四季的风，迷人的城市景观，以及许多亲朋好友，难忘的往事和如画的人生片段。在城市网状的街巷中，每一个人都可以找到自己过往的路，个人弯弯曲曲的历史。在岁月蹉跎中，我们都遇到过挫折与不幸，我们的城市母亲决不会弃之不顾，因为你生活中的转机、曙光、幸运、贵人、福祉，以及种种珍贵的人间真情，也都是在这里获得的。而城市母亲全都有心地为我们记忆下来，一点一滴也不会漏掉。不信，就去生活过的老街老巷老屋里转一转，连自己也忘却的细节，它却会帮你记住，再现，复活。"① 他总是从"我"出发，言及"每一个人"，最后上升到一种共同的情感和文化性格，在这样的具体情景中，他用情感唤起情感，引导人们认识到文化保护的价值和重要性。他在分析民俗剪纸在天津复兴的时候，认为："最关键的原因还是当地人对于年炽烈的情感。而年的情感也正是生活的情感。天津是商埠，商埠的人对生活的需求，既实际又强烈。由于年的本身意味着新生活的来临，因此，人们对美好和富裕的生活企望就来得分外殷切。"② 他认为剪纸之所以为大众所爱，正是因为"它具有中国民间文化所有的特点：质朴、率真、热情和浓烈的生活情感"③。我觉得只有作家才会这么强调情感在生活和文化中的作用，才会关心情感对于世道人心的作用："文化情感是人的一种很深刻又很美的情感。它使人的精神丰富，视野深远，爱心宽广。在全球化时代，它又是一个民族所必备的。它伴随着民族的自尊与自信。"④ 这种文学性思维的参与，除了

---

① 冯骥才：《我们的母亲六百岁》，《灵魂不能下跪》，第280页。
② 冯骥才：《年画退隐，剪纸登场》，《灵魂不能下跪》，第182页。
③ 冯骥才：《蔚县窗花的文化大典》，《灵魂不能下跪》，第378页。
④ 冯骥才：《慈城的知音》，《灵魂不能下跪》，第392页。

让文化走进大众心灵深处外，还突破了原本社会学、人类学、民俗学等研究中的冰冷的统计和过分理性的分析等"科学"的藩篱，让很多事物变得可爱了，有认同感了，这是冯骥才的特殊贡献。

　　带着这样的文化情感，冯骥才以作家特有的细腻和敏锐，发现生活中的美，让许多人们熟视无睹的生活器物、场景、风情和生活习俗都有了不同的光彩。他在谈到西塘历史文化的保护，注重生态、注重活态和历史的延续性时，完全是以作家的口气在描述一个细节："上回到西塘来的时候，沈书记陪我在河边散步。路边有一扇窗户支着一根细木棍，此时天已经凉了，窗台上摆着一个花盆，屋内老太太想把花盆拿进去。她拿起花盆的时候，花上正落着一个蝴蝶，可能睡着了。老太太拿花盆起来时轻轻地摇了一摇，似乎怕惊吓了这只蝴蝶。蝴蝶飞走了以后，她才把花盆拿进去。当时我特别感动，我觉得西塘把诗意也留下来了。"①这种"诗意"常常为文化学者或社会学家所忽略，却是作家冯骥才从不放过的场景，捕捉到这样的场景，他要保护的对象就有了鲜活的生命和浓厚的生活气氛，在这样一种气氛中感受文化，文化就不是一个僵死的符号，而是人生命中的存在和生活中的天然一部分。出现在冯骥才笔下的无数美丽的细节、场景，让我们学会欣赏和学会热爱。比如，写到河北蔚县的打树花，火热的气氛，健壮的身体，希望的力量被他渲染得让人身临其境："金红的铁水泼击墙面，四外飞溅，就像整个城墙被炸开那样，整个堡门连同上边的门楼子都被照亮。""这里的人们都上街吃呀，乐呀，竖灯杆呀，耍高跷呀，看灯影戏呀，闹得半夜，最后总有一场漫

---

① 冯骥才：《古村落是最大的文化遗产》，《灵魂不能下跪》，第64页。

天缤纷的打树花;让去岁的兴致在这里结束,让新一年的兴致在这里开始。"①在对美的发现中,冯骥才强调:历史也是一种美。"在历时久远的时间长河里,物品不再仅仅是一种物质。时间是神奇又有力量的,它会把它深远的历史内容无形地注入进去,同时,将潜在其间的特有的时代美与文化精神升华出来。时代美过后就变为一种历史美,但只有它成为历史才变得更加清晰和更加动人。于是,历史物品更重要的价值是一种精神,一种美。"②历史也有情:"历史离去时,有时也十分有情。它往往把自己生命的一切注入一件遗落下来的细节上。细节常常比整体更具魅力。如果你也有情,就一定会被这珍罕的细节打动,从中想象出它原有的那个鲜活的生命整体来。"③"想象"是作家心灵自由、撷取记忆、创造美好事物的最重要方式,它出现在冯骥才文化抢救的思维中,自然给这个行动带来了几分奇异的色彩。

美又是什么,如此描述和强调美又有什么意义呢?我认为美是一种精神,是相对于物质的一种没有功利的东西,在这样一个时代中强调精神至上的作用,可以看作是对于滚滚而来的物质大潮的一种反抗,是为人的精神生活争取空间。没有物质,人无法生存,但仅仅为了生存,那么人与动物何异?人之为人正因为他有精神,可不知为什么,人们越来越舍本逐末,精神的危机要比经济危机更可怕!王国维认为:"余谓一切学问皆能以利禄劝,独哲学与文学不然。"科学可以"厚生利用为旨",而哲学观念可能与社会兴味不合,"文学亦然;餔餟的文学,决非真正之

---

① 冯骥才:《癸未手记》,《灵魂不能下跪》,第434、435页。
② 冯骥才:《城市的历史美》,《灵魂不能下跪》,第229页。
③ 冯骥才:《历史的拾遗》,《灵魂不能下跪》,第318页。

文学也"①。强调文学（文化）之"无用"，就是要在太功利的时代中，保持文学自身的特性，人们往往只看到果实，而忘了土壤。无用之文学恰恰是涵养精神的土壤。王国维说："盖人心之动，无不束缚于一己之利害；独美之为物，使人忘一己之利害而入高尚纯洁之域，此最纯粹之快乐也。"②他对于国人过于功利而不能发现"无用之用"而甚感失望："治一学，必质其有用与否；为一事，必问其有益与否。美之为物，为世人所不顾久矣！……庸讵知无用之用，有胜于有用之用者？以我国人审美之趣味之缺乏如此，则其朝夕营营，逐一己之利害而不知返者，安足怪哉！安足怪哉！"③冯骥才所关注的对象可能是具体的物质，但他不断地启发人们、用他那支笔描画它们，让人们看到具体的事物中含着一种精神的美，体味到从物质到精神的升华："一个城市的街道，倘从高处俯看，宛如一株大树成百上千条的根须。城市愈大，其根愈茂；这根须其中有几根最长最长的，便是这城市的老街。……这街上的风雨，人们曾与之一起经受；人世间的苦乐悲欢，它也是无言的见证。人们不断地丰富它的故事，反过来它又施惠于人们——从古到今！从物质到精神！……它是个实实在在的巨大的历史存在，既是珍贵的物质存在，更是无以替代的精神情感的存在……"④他不断地呼吁人们关注城市在实用功能之外的精神功能："长期以来，只看重城市的使用功能，只看它物质性的一面。比如城市的居住、办公、交通、水电、商业网络——当然，

---

① 王国维：《文学小言》，载《王国维集》第1册，中国社会科学出版社，2008，第22页。
② 王国维：《论教育之宗旨》，载《王国维集》第4册，中国社会科学出版社，2008，第8页。
③ 王国维：《孔子之美育主义》，载《王国维集》，第4册，第6页。
④ 冯骥才：《老街的意义》，《灵魂不能下跪》，第316页。

这些都极其重要，必不可少。但城市还有精神性的一面，即它的个性、历史、传统、习俗、记忆，以及特有的美感。"如果把这个功能去掉了，大量珍贵记忆被抹去，城市的"个性和个性美也就消失了"①。孔夫子曾说："诗，可以兴，可以观，可以群，可以怨。"②儒家强调"诗教"，认为诗可以教人以温柔敦厚，如果不拘于具体的观点，笼统而言，文学、文化都有塑造人的心灵的作用，当今社会有法律教育、政治教育乃至各种更为实用的教育，唯独文学和文化的教育并没有被人看重，联想到当年蔡元培先生曾有以美育代替宗教的设想，在某种程度上提倡文学和文化对国民的教化作用可能十分必要。现代社会由各种关系和功能构成，却把情感压榨到最低限度中，冯骥才以他作家的思维关注文化，不断地释放着心底的情感，用情感给这个冰冷的世界铸就一颗柔软的心和高贵的灵魂，有了这些，世界才会更加丰富多彩，个性各异，才不会被强大的现代机制格式化。这也应当是冯骥才关注文化的出发点吧。

离开书斋到田野里去——一个知识分子的文化实践

冯骥才曾急切地说："请诸位先生离开我们的书斋到田野里去吧，先去把那些残存在记忆中的'最后的口头文学'记录下来吧！我们没时间清谈妙论，侃侃而谈，我们应该去到文化遗产的重灾区里，切切实实做自己力所能及的事。"③说这话时，他已经将田野当作书斋奔走多年了。冯骥才不满足做一个坐而论道的

---

① 冯骥才：《要请人文知识分子参与城市构建》，《灵魂不能下跪》，第277页。
② 《论语·阳货》。
③ 冯骥才：《古民居放在哪里才"适得其所"》，《灵魂不能下跪》，第263页。

知识分子，他还要去实践自己的思想和理念。他多次表示他是一个"行动至上"者，并说："这行动却不是盲目的。它是一种对思想的实践。"①强调思想与行动的统一，"思想是现实的渴望。它不是精神的奢侈品。它必须返回到现实中去。最好的实践者是思想者本人"。行动不是与思想割裂的，他把它看作"是思想的一部分"，"所以我说，我喜欢行动。不喜欢气球那样的脑袋，花花绿绿飘在空中。我喜欢有足的大脑，喜欢思想直通大地，触动大地"，"行动使我们看到自己的思想，充实、修正和巩固我们的思想。"②他的说法颇合王阳明"知行并进"说，王氏认为："知是行之始，行是知之成"，"未有知而不行者；知而不行，只是未知"③。

由一个文字工作者变成一个行动者，一方面是由于现实的逼迫：城市文化遭受破坏，民间文化急剧消失的现实，不容你再坐在书斋中。另一方面，民间文化这个学科本身也具有田野性，冯骥才认为在农耕文明退出人们生活即将消失的时候，"我觉得我们的民俗专家和文化学者应该热血沸腾，应该义不容辞地下去，应该到第一线去，应该进行田野作业"。他进一步认为："不再把田野的调查作为民俗学的手段，或是搜集材料的方式，而是反过来把民俗学的研究注入到田野调查中，注入到抢救之中，以研究指导抢救。"④更重要的一方面，是冯骥才的实践中所体现出的文化使命感。冯骥才是自觉地把文化忧患背到自己的肩头奋力前行的当代中国知识分子，他把民间文化抢救当作自己义不容辞

---

① 冯骥才：《序》，《灵魂不能下跪》，第2页。
② 冯骥才：《思想与行动》，《灵魂不能下跪》，第416页。
③ 王阳明：《传习录》，《王阳明全集》上卷，上海古籍出版社，1992，第4页。
④ 冯骥才：《民间文化工作者的当代使命是抢救》，《灵魂不能下跪》，第21页。

的使命，他把自己命名为行动知识分子①，从他对知识分子和文化人的区分中，可以看出他对知识分子文化承担的看重："知识分子有强烈的现实责任，心甘情愿地背负起时代的十字架；文化人却可以超然世外和把玩文化。"②

关于冯骥才这种高调的行动和文化承担，几年前，我曾经在一篇文章中，借谈对萨义德的《知识分子论》谈论过③，我的主要看法是：冯骥才的所作所为，小而言之，是他所做的具体的事情所呈现出来的功效；大而言之，则启示我们去思考一个知识分子在这样一个时代转型中如何面对自我、如何面对世界。自20世纪90年代以来，中国知识分子一直处在边缘化的过程中，其身份和所承担的道义不断被简化，知识分子自身也在迷惘中不断退缩，这种退缩随着社会转型等强大的外在因素推动，甚至让我担心"知识分子"的消亡，取而代之的是"专家"和"学者"这样的技术人员。孔夫子的"士志于道"的那种道义的承担，早已被年薪、职称之类的东西替换了。与此同时，关于知识分子的低调声音也出来了。比如对专家的强调，即把知识分子限定在他的专业范畴内，除此之外的僭越便不享有合法的发言权。可是，萨义德却旗帜鲜明地宣称："即使在后现代主义的情况下，知识分子依然有着许许多多的机会。……而知识分子偏离行规的情形依然屡见不鲜。"而且萨义德还更进一步说："我尝试主张：不管个别知识分子的政党隶属、国家背景、主要效忠对象为何，都要固守有关人类苦难和压迫的真理标准。""尝试固守普遍、单一

---

① 见《冯骥才周立民对谈录》，苏州大学出版社，2003，第137页。
② 冯骥才：《序》，《灵魂不能下跪》，第2页。
③ 见周立民《〈对话录〉序》，《冯骥才分类文集·16·思想对话》，中州古籍出版社，2005，第14—20页。

的标准，这个主题在我对知识分子的说法中扮演着主要角色。"①这不是明确无误地在说，知识分子除了能把航天飞机弄上天之外，还有很多道义上的责任要承担吗？这不也是在说，知识分子的使命没有终结，社会的公共空间中还需要他大展身手吗？

萨义德同时也在提醒我们：要在世俗与精神生活中找到理想的平衡点，对知识分子来说是一个挑战，他说："知识和自由之所以具有意义，并不是以抽象的方式（如"必须有良好教育才能享受美好人生"这种很陈腐的说法），而是以真正的生活体验。知识分子有如遭遇海滩的人，学着如何与土地生活，而不是靠土地生活……""今天，每人口中说的都是人人平等、和谐的自由主义式的语言。知识分子的难题就是把这些观念应用于实际情境，在此情境中，平等与正义的宣称和令人难以领教的现实之间差距很大。""应用与实际情境"所要求的就是实践，能在实践中坚持自己的信仰，也能够在实践中扩大自己的信仰。萨义德说："知识分子并不是登上高山或讲坛，然后从高处慷慨陈词。知识分子显然是要在最能被听到的地方发表自己的意见，而且要能影响正在进行的实际过程……"正是在这个意义上，我看重冯骥才作为"行动知识分子"的特殊意义。

跳出冯骥才的文化实践对历史文化和民间文化保护的具体贡献，单从这一行为的普泛意义而言，他承续并发展了中国杰出知识分子身体力行、脚踏实地的精神传统。中国古代知识分子中，就有强调"读万卷书，行万里路"的实践精神；对于现代中国知识分子，他们要获得独立的品格和生存的空间，也必须通过自身

---

① 萨义德的言论，均见其著《知识分子论》，单德兴译，生活·读书·新知三联书店，2002。

的实践来实现自己的人文理想。在传播新思想和新文化的过程中,胡适、陈独秀一班人,不是天然的话语中心,相反在浓重的封建文化和长期社会积习的包围中,他们处在弱势地位,是他们通过艰苦实践才筚路蓝缕地开辟出自己的道路,使新文化、新思想落地生根。20世纪30年代的文学多元的图景也不是天赐的,同样是知识分子投身实践自己争取和开创来的。比如,为了开拓新文学的生存空间,当时的知识分子纷纷"下海"创立书店、参与出版事务。像开明书店,从章锡琛创办《新女性》开始,1928年改组为股份有限公司,到1929年公司正式成立,在以青少年读物、古籍和教科书等奠定营业收入基础的同时,大量出版新文学作品,《子夜》《家》等新文学名著皆出自该店,从1935年开始出版的"开明文学新刊",包括茅盾、老舍、叶圣陶、巴金、夏丏尊等著名作家的长篇小说、短篇小说集、散文、戏剧等多种。有这样的局面,叶圣陶、夏丏尊、丰子恺等一批独立知识分子付出了大量的心血,他们参与经营才把文化理念转化为可喜的现实,也证明了文化人对文化事业建设的能力。巴金主持编务的文化生活出版社是一批带有理想性质的青年知识分子经营的,他们以奉献精神为指引,宣称:"想以长期的努力,建立一个规模宏大的民众的文章。把学问从特权阶级那里拿过来送到万人面前,使每个人只出最低廉的代价,便可以享受到它的利益。"[1]这个广告表明了他们坚持平民色彩的文化传播决心。由巴金主编的"文化生活丛刊"出书近五十种,而其主持的更为壮观的是《文学丛刊》,从1935年到1949年共出了十集,一百六十部作品,包括从鲁迅、

---

[1] 巴金:《刊行"文化生活丛刊"的缘起》,载《巴金全集》第18卷,人民文学出版社,1993,第363页。

茅盾到沈从文、曹禺乃至汪曾祺等老中青三代八十六人的作品。许多文学新人由这套书而为文坛关注，从而走上了文坛。在这之外，巴金和郑振铎、靳以等人主持的《文学季刊》《文季月刊》《文丛》等三大杂志不闻文坛喧哗，切实地推人推作品，以切近现实表现人生的朴素风格，为30年代中期的文坛注入了恢宏的大气象。还有，像陶行知、匡互生等知识分子投身教育事业，以民间的力量传播着现代教育理念，等等，这都是知识分子投身文化实践的好例子。无数事实说明，等待和抱怨不可能实现自己的理想，人文精神的活力、动力和魅力都来自实践，而不是理论言说。

  文化实践可能还是精神沦落的知识分子一条有效的文化自救道路。十多年前，关于人文精神的讨论，体现出当代知识分子在社会多元化之后的彷徨无地和无所傍依的精神焦虑，继之而来的是知识分子被边缘化的失落感。但我始终认为，中国当代知识分子的边缘化，不完全是社会排挤和抛弃了知识分子，而首先是知识分子自身的精神萎缩、退化所造成的，它渐渐从公众的生活中丧失了话语权，退化成一种文字、理论或只能在实验室中生存的动物，特别是在一些人迷醉在当大师追求纯文学和纯学术的梦想中的时候，可他们唯独忘了大师身上不可或缺的文化使命感。而要想摆脱知识分子的这种尴尬的处境，不是等待着外在的赐予，关键是自身的行动，用自己的行动去传播自己的思想、实践自己的理念，赢得知识分子的尊严，从而也会打破狭小和封闭的状态，走向与社会相呼应的情境中去。长期以来，知识分子自主的行动空间不断缩小，客观上也造成了他们能力的退化。而这个时候，如果缺乏相应的使命感，则只能是不断地世俗化、侏儒化，满足于自己的一点点儿小悲欢，实际上丧失知识分子应有的精神本质，成为一个虚壳而已。在经济社会中,知识分子还以技术专家和顾问的身份成为商业收买的对象,商人利用他们的专业知识和知识分子身份的社会公信力为自己谋求利益。当知识分子以奔走在"世界五百强"中而为荣的时候,尤其是在为私利和某小集团利益而奔忙时,他们同样是在亵渎和扼杀知识分子精神。冯骥才的文化行动首先不是为个人私利而进行的,可以说他在为民族文化寻回另外一半(民间文化),是自觉的文化承担,正如他所言:"责任感是一种社会承担","你有权利放弃这种承担,但没有权利指责责任——这种自愿和慨然担当的社会道义","我们这个自诩为文化大国的国家,多么迫切地需要多一些虔诚又火热的文化良心!"[①] 其次,在文化实践中,冯骥才表现出强大的与社会对话能力,像2008年汶川地震这样的重大事件中,也有冯骥才这样知识分子的身影,他们对震区羌族文化的紧急抢救,从现场的调查与抢救,到《羌族文化学生读本》,一直到向国务院提交的《关于四川汶川地震灾后重建中保护羌族文化建议书》并得到重视[②],这一过程都证明书生并非百无一用,也不只是吟风弄月玩玩文字,在当代社会中,依旧有发挥他价值的空间。再次,知识分子基于文化良知参与社会除了美好的愿望和良好的出发点之外,还要保持自己的独立性,这种独立让他在实践中可能显得孤立,因为他不属于任何集团或群体,他甚至还会开罪于某些集体或群体,但独立性也可以让他强大,这种强大是因为背后有人类的道义支撑、有知识分子精神传统的支撑、有坚强的信念支撑。冯骥才在进行天津老城保护的过

[①] 冯骥才:《文化责任感》,《灵魂不能下跪》,第187页。
[②] 请见冯骥才《汶川大地震羌文化紧急抢救纪事》,《收获》2009年第2期。

程中，与政府、开发商等都需要打交道，但正是坚持独立性，以公心赢得了民众的支持和呼应，这也证明知识分子在民间的岗位上通过自己的文化实践，不但可以完成自己的文化理想，也可能协调社会各方面去实现共同的理想，只要能够锲而不舍、坚韧不拔！

挽住往昔时光——一个启蒙者的文化承担

中国社会长期处在农耕社会中，农耕社会的人们春种秋收、除旧布新，把日新月异作为生活蒸蒸日上的体现，并不珍惜生活里的器物；到近代，破旧立新的革命思维，使得"留恋旧物"成为遗老遗少的恶谥。更重要的是，民间文化与精英文化存有隔膜，甚至被认为是不登大雅之堂的东西。郑振铎先生在《中国俗文学史》开篇即说："凡不登大雅之堂，凡为学士大夫所鄙夷，所不屑注意的文体都是'俗文学'。"[①] 这个排除法的定义也可以看出民间文化长期受排斥的窘状。长期以来，民间文化资源没有得到很好的保护，保护意识严重缺乏。自20世纪90年代以来，随着经济的发展，人们改变生活愿望的增强，在大规模的经济建设和生活改观的过程中，民间文化、城市文化遭受巨大的破坏；与此同时，人们开始开掘文化遗存和民间文化中的经济价值，过度地开发和利用，不仅破坏了文化本身形态，也改变了它们的生存环境，实际上是另外一种形式的破坏。冯骥才的民间文化抢救工程就是在这样背景下展开的，此项工程自身的文化价值、学术价值不言而喻，但我更看重它的开展、推进、各种形式的宣传、民

---

① 郑振铎：《中国俗文学史》，上海人民出版社，2006，第15页。

众的参与对于十三亿的中国民众的启蒙作用，以及由此建立起来的民众对文化的情感和自觉保护意识，这是此项活动的无形财富，这笔财富怎么估量都不过分。

对此，冯骥才可谓苦口婆心、翻来覆去、不厌其烦地在传达着他的文化理念，扭转民众思维中的误区，填补他们意识上的空缺。他试图让民众明白，文化保护关乎他们每一个人！如同鲁迅先生当年立志改造中国的国民性一样，冯骥才挖掘大众的文化心理，希望能够改造他们的文化观，近些年来，他集中火力对准有形和无形地占据大众的某种文化思维和文化积习，又激情洋溢地呼唤一种全新的文化观。浏览他的言论，以下几点是需要特别注意的：

首先他呼吁要改变中国民众重物质、轻精神的习惯思维。在《巴黎，艺术至上》中，他用很多所见所感的细节不断地赞叹法国人精神至上的品性，我想，这不是为了赞美而赞美，而是打开天窗让我们看到惯有视界之外的风景。比如对于遗产，他举了法国建筑历史学家罗叶的例子，罗叶把一把椅子当作自己的家庭遗产，让冯骥才看到法国人的遗产观与中国人的不同。"欧洲人把遗产看得很重要。遗产一词源于拉丁语，它的意思就是'父亲留下来的'。它有物质（财富）的含义，也有'精神'（财富）的内容。"法国人看重精神的价值，而中国人观念中的遗产太物质化，冯骥才认为："如果只把它当作一种物质，我们就会随心所欲地处置它；如果也把它视为一种珍贵的精神，我们就会永远守卫着它。以它为伴，以它为荣，甚至把它作为生命的并不次要的一部分。"正是把遗产当作物质性的财产，"我们的家庭很少有历史印痕。……过去由于穷，能卖的早都卖完了；现在由于富，赶快弃旧换新"①。在辨别文化收藏和珍宝收藏的区别时，冯骥才立足的也是精神与财产的差别："过去的收藏，缺少文化眼光，多从古物的财富价值着眼，不注重文化价值，收藏的范围便十分狭窄，总是金银珠宝、钟鼎彝器、官窑名瓷、牙玉雕刻以及名人字画，但仅仅这些收藏，不足以表现中华历史的丰厚、文化的灿烂和生活的辽阔。这是我们收藏史的一个重大缺憾。说到底，还是个收藏观的问题，就是把古物当作变相的黄金，当作保值乃至可望升值的财富。"冯骥才启发我们，精神的愉悦才是最重要的："收藏者的快乐，第一，就是发现，即不是去捡别人发现过的，而是凭着自己的眼力与学识去发现；第二，便是享受，那便是从中重温历史，认识祖先，欣赏它内在的文化的美与精神。这之中，还有一份责任，就是：把前人的创造留给后人。"② 对于一个崇尚实利的民族而言，强调精神至上等于是让人们从不成熟的文化观念中走出来，走向一个更高层次的文化境界。

其次对于"老"和"旧"的问题，他试图改变人们的文化心理。"'旧'是物质性的，而且含有贬义，比如陈旧、破旧，等等；'老'却有非物质的一面。老是一种时间的内容，比如老人、老朋友、老房子。时间是一种历史。所以，'老'中间不含贬义，甚至还含着一种记忆，一种情感，一种割舍不得的具体精神价值的内涵。"③ 所以，他认为应当把"旧城改造"改为"老城整治"或"古城保护"，这是要改变那种"以旧换新""旧的不去，新

---

① 冯骥才：《家庭的遗产》，《冯骥才分类文集·10·域外手记》，中州古籍出版社，2005，第14—20页。

② 冯骥才：《文化收藏》，《灵魂不能下跪》，第401页。

③ 冯骥才：《旧与老》，《灵魂不能下跪》，第247页。

的不来"的思维,为子孙留下一点儿东西,为城市留下一点儿记忆。为了能让当政者、老百姓接受这些观念,他煞费苦心。他痛心地批评那种"没有站在现代文明的立场去审视过去和面对今天"的"旧貌换新颜"的做法,认为这样"直接的负面后果是600多个城市的历史生命被一扫而光,性格形象消失了,年龄感没了,个性记忆被删除得干干净净,我们已经无法感知认识自己城市的文化性格和精神历程"。他大声呼吁:"城市首先是一个生命,有命运,有历史,有记忆,有性格。它是一方水土的独特创造——是人们集体的个性创造与审美创造。如果从精神与文化层面上去认识城市,城市是有尊严的,应当对它心存敬畏……"① 他不能容忍"只把城市看作是功能的、使用的、物质的,没有看到它的个性的价值与文化意义"的思维,认为保护城市,"决不仅仅因为是一种旅游资源或是什么'风貌景观',更是要见证自己城市生命由来与独自的历程,留住它的丰富性,使地域气质与人文情感可触与可感。"② 对"老"的尊重,是对历史的尊重,历史也是一种美,但历史是不能伪造的,所以,他不能容忍那种假古董、伪民俗,哪怕它们非常艳丽,但虚假会抽空一切内涵。这是对那些舍弃真正的历史遗存而去大造假的"明清一条街"、那种不顾文化生态大建欧洲村的人的批评,也是对民众的文化启蒙,让他们对文化有着基本的判断标准和辨别力。

再次,他让民众认识到不但文物保护重要,文化空间的保护更重要。在法国的所见促使他思考这个问题,巴黎人不但要保护名胜古迹,而且要保护老屋老街那些民居,"是巴黎人自己!

---

① 冯骥才:《城市可以重来吗?》,《灵魂不能下跪》,第207—208页。
② 冯骥才:《城市为什么要有记忆》,《灵魂不能下跪》,第219页。

是他们在报上写文章，办展览，成立街区的保护组织（如历史住宅协会、老房子协会等），宣传他们的观点——这些老屋绝非仅仅是建筑，这些老街也绝非仅仅是道路，它们构成了'历史文化空间'。巴黎人的全部精神文化及其长长的根，都深深扎在这空间里，而且这空间又绝非只属于过去。在文物中历史是死的，在这文化中历史却仍然活着。从深远的过去到无限的未来，它血缘相连，一脉相承，形成一种强大和进展的文化与精神。割断历史绝不是发展历史，除掉历史更不是真正地创造未来。因此，他们为保卫这空间而努力数十年。如今这些观点已经成了巴黎人的共识……"① 应当说，冯骥才的这一看法非常具有前瞻性，很多人能够看到文物的价值，却难以理解文化空间的价值。冯骥才拓宽了我们对这一问题的认识，他反复说："只认为北京文化的代表是天安门和故宫。其实，北京的文化特征不在故宫和天安门上，那只是文化的象征。北京文化的特点在四合院和胡同里。一个地域的文化是在它的民居里的，而不是在它的宫廷或者是皇家建筑的经典里面。我们所讲民族的根、民族的魂、民族的情，都在我们的民居里，在老百姓的生活里面。但很长时间，人们并没有认识到这一点。"②

最后，冯骥才没有把文化当作被珍宝送进博物馆的玻璃罩中，他更强调一种文化延续，希望人们能够在生活中切身感受文化气氛，亲身体验文化习俗，而不是遥望它们。最为典型的就是对节日文化的重视，特别对于年文化的强调。他认为节日是让民众亲近民族文化、体验民俗的最好机会，因此抓住这个契机，

---

① 冯骥才：《城市的文物与文化》，《冯骥才分类文集·10·域外手记》，第70页。
② 冯骥才：《古村落是最大的文化遗产》，《灵魂不能下跪》，第63页。

从节日文化的内涵,到大门上的"福"字该怎么贴,事无巨细地推广节日文化。他认为像春节这样的节日"这是中华文化最深刻的一部分,是我们民族的至宝!""从文化学和民俗学的角度看,一个民族的情感与精神是要由一系列特定的方式作为载体。这方式就是民俗。民俗不是政令法律,但它是经过一代代认同、接受和传承下来的,是共同遵循的文化规范与仪式。"①如果节日失去了民俗的内容,变成没有特定内涵的假日,或只有消费的假日,那么这个民族很容易导向精神的贫乏。故此,他警告"年,不能再淡化了":"年,是中华民族最大的风俗性节日。……历时五千年以上的中华民族生生不息,显然与这最大的年文化有着密切关系。不信,就去听听大年夜里中国人相互间越洋跨洲的拜年电话。中国人的年,是老百姓自我增加民族凝聚力和亲和力的日子。对于年,我们只能加强它,而不是简化和淡化它;那种对年俗的人为简化与淡化,是一种在文化上的无知!"他还说:"中国人过年最大的特点是参与性。每个人的主动努力都能增加年的氛围与温度。这也体现中国人积极主动的生活观。"②在提倡年化上,他也身体力行,实践着自己的行动哲学:"跑了三趟娘娘宫,又到西郊静海、独流、杨柳青等地的年集上采风,选购民间民俗用品,在那些兴致勃勃预备过年的老乡中间一挤,年意就来了。""我把自己的画也统统摘下,换上珍藏的古版杨柳青年画。我想从中重温祖祖辈辈的生活方式,体验他们对生活独有而浑挚的情感,感受深藏在中华大地上深厚

---

① 冯骥才:《谁消解我们的文化》,《灵魂不能下跪》,第 125 页。
② 冯骥才:《年,不能再淡化了》,《灵魂不能下跪》,第 131 页。

的文化底蕴与朗朗精神。"①

启蒙，在当今并不是一个受欢迎的字眼，有很多知识分子主动地放弃了它，生怕有"启蒙心态"，制造"新神话"，这样倒是民众大事来改变知识分子，知识分子媚俗媚众，丧失了独立性，也放弃了自身的文化承担。这实际上是知识分子精神退化的表现，与这种情况恰成对照的是冯骥才高调、积极的社会参与。我觉得他不是虚妄地采取高蹈姿态，以自己的所谓"文化霸权"去改变社会，而是社会现实不容他坐在书斋中经营自己的个人世界，或矫情地去谄媚民众和社会，他只有去质疑和批评，以猛药对强症，试想当那么多民间文化不断地遭受破坏、天天都有灭绝危险的状况下，如果连知识分子都不感焦急不知挺身而出，那么还能指望谁？但知识分子单枪匹马，恐怕也常常事倍功半，所以，知识分子利用他的所长在专业领域中有所建树和创造固然特别重要，而面对民众发言、改变民众意识的盲点、建立一种全新的文化观念则意义更为重大，这也是冯骥才作为一个启蒙者的可贵之处。更何况，中国地域差别大、文化水平不均衡、文化保护意识不普及，文化启蒙也是客观需要。积极面对民众，不是让民众如何做和必须怎样，而是让他们看到更多样更丰富的选择，从而培养出自主的文化意识、审美观念。在这一过程中，知识分子也完成与民众的交流和对话，丰沛自己的文化生命。启蒙体现了冯骥才的文化责任感，也提升了他的生命境界。我相信，中国文化史将来不仅会记住冯骥才的作品和文化创造，还会以更大的篇幅谈到他的文化言行对于国民文化精神的塑造、对当代文化的纠偏，后者影响

---

① 冯骥才：《淡淡年意深深情》，《冯骥才分类文集·16·思想对话》，第190—191页。

可能更深远、巨大。

谈到阮仪三先生,冯骥才掩饰不住自己的内心激动:"从罗振玉、陈寅恪、马寅初、梁思成,到今天的阮仪三教授等人,他们一直信奉知识的真理性,坚守着知识的纯洁与贞操,并深信放弃知识就是抛弃良心。由于有这样的知识分子,衡量社会的是非才有一条客观的标准,文明传统才延续不息,知识界才一直拥有一条骨气昂然的精神的脊梁。"[1] 在赞扬那样的民间文化的守望者时,他带着感情写道:"他们以舍我其谁的精神,把整个民族的文化使命放在自己背上。他们是用身体做围栏,保护着我们的精神家园。……他们不求闻达,含辛茹苦,坚忍不拔,默默劳作。"冯骥才说把他们推到前台,是"张扬一种为思想而活着的活法,一种对文化的无上尊崇的感情,一种被浅薄的商业化打入冷宫的高贵的奉献精神与使命感"[2]。这种吾道不孤的感慨,是他与同道之间相互鼓励的话,也未尝不是他的夫子自道。

2009 年 4 月 26 日凌晨

---

[1] 冯骥才:《当代知识分子的文化良心录》,《灵魂不能下跪》,第 265 页。
[2] 冯骥才:《沉默的脊梁》《灵魂不能下跪》,第 510 页。

让记忆唤醒历史的心灵

——冯骥才的自我口述史系列作品阅读札记

一

1984年，冯骥才写过一篇题为《雪夜来客》的小说，还自绘一幅水墨插图，画面是小说结尾的场景，白雪飘飘，一对夫妇在门口目送远去的朋友，雪地里是朋友渐行渐远的身影和一串长长的脚印。小说写的是非常年代中，两年未见的老友恢复自由后雪夜造访的故事。他们千言万语在心头，可是，那一天，吃菜品酒以及几句简单的感慨，除此之外，"他至走什么也没说"①。

此作篇幅不长，像是抒情散文，主人公身份有些神秘，小说里没有明确交代他是谁，连名字也没有，只是称作"他"。作品里都隐含着作家心灵的秘密，冯骥才写了一件对于他的人生具有重要意义的事情，是这样一位"雪夜来客"的话，启动了他江河滚滚的文学创作。现实中的"客人"有名有姓，叫刘奇膺，在中

---

① 冯骥才：《雪夜来客》，《冯骥才》诗文卷（一），青岛出版社，2016，第70页。

学做老师，在书画方面他与冯骥才有着共同的爱好，他们是"文革"前就交往密切的朋友。"文革"开始后，刘奇膺被学校批判，连梦话都被记录下来受到质询。那一天，是二人中断联系很久后的重逢，刘奇膺刚刚被学校放出来，两个人并非像小说中所写的什么也没有说，而是说了很多话：

> 说话时，我俩一直抽烟。那时我抽的是一种最廉价的纸烟，绿纸盒上印着两个红色的字：战斗。我俩只顾说话，顾不得从烟盒一根根去拿，而是把烟盒从中掰开，很快就抽了大半，小屋里浓烟如云，我俩不时用手扇着烟雾。突然，他吐一大口气把面前的浓烟吹开，瞪着布满血丝的眼睛，很可怕。他说："你说，将来我们这代人死了，后代人能知道我们现在的处境吗？……我们心里真实的想法，他们会从哪里知道呢？"
>
> 他的问话像一个钻头深深钻进我的心中。这是我们那一代人深切的思想，过去我们从来没有这种思想，现在有了，可是后代人将从哪里知道——我们？我忽然明白：只有文学！
>
> 我的文学油然而生。①

这件事情，冯骥才后来多次说过 [如《命运的驱使》（1981年）、《写作的自由》（1999年）、《忧思与行动：冯骥才周立民对谈录》（2002年）第 119 页、《凌汛：朝内大街 166 号

---

① 冯骥才：《无路可逃：1966—1976 自我口述史》，人民文学出版社，2016，第 64 页。

1977—1979》（2013年）第43—44页。]。朋友的话，唤起冯骥才内心中的使命感："我想，如果不把这所见所闻、所思所感如实记录下来，后人怎么会知道我们这一代人的生活、思想和心理？谁会理解我们？"①后来，总结自己的文学观，他依旧坚定地说："我文学观是：记录心灵的历史和历史的心灵，挖掘人性和创造属于自己个性的语言与文本。"②从写作之初，冯骥才的动机和目的就很明确：记录，如实记录，让这些记录化为历史记忆留给未来。

尽管，他的创作现今已走得很远很远，越来越纷繁多彩，可是，他的文学初心始终未变，它贯穿了冯骥才的整个创作。很多作家的文学创作，源自对文学的热爱，内心情感的宣泄，冯骥才当然也不例外，然而，他还是为数不多的一开始就有着历史敏感性和自觉的历史意识的创作者。

二

我很清楚，如果把文学的功能和价值仅仅限定在"记录"上，所有的作家都会跳到桌子上反对，他们本能上会认为这是在贬低作家和文学的价值，仿佛让文学回到文字刀耕火种的鸿蒙时代。随便翻开一本什么时下的"文学理论"，讲到文学，强调的都是文学表现出的想象力、对人物内心的开掘能力、语言的艺术魅力等，而绝不会谈到文学的记录功能。我想强调的是，文学倘若割裂了记录功能，它会显得很单薄。

在不多的例外中，有日本的坪内逍遥刊于1885—1886年的《小

---

① 冯骥才：《让心灵先自由》，《冯骥才》诗文卷（二），第207页。
② 冯骥才：《我的四驾马车》，《冯骥才》诗文卷（二），第345页。

说神髓》,书中谈到小说的几个"裨益":使人的品位趋于高尚,使人得到劝奖、惩戒,构成文学的楷模,还有一点是"正史的补遗"。"什么是补遗,即补充正史所缺漏的事迹,将正史中所未详述的时代风尚、习惯,十分精细地写出,使人如身临其境,如耳闻目睹,形成一部风俗史。因此,这种裨益为时代物语(描写过去时代的小说)所独占,其他种类的小说是没有这种裨益的。话虽如此,那些虽是写当时世情的小说,但由后世人看来,仍然不外是描写过去时代的小说,因此,这两种小说,不管哪种,无疑都具有此种裨益。"[①]这样"老旧"的文学观会让某些先锋人士笑掉大牙,尤其是20世纪文学不断"向内转"的情形下,它古老得有些不合时宜。

然而,任何一门艺术,既有它的变异品种,也有它的根本形态,我不认为这两者一定要谁取代谁,从某种意义上讲,文学潮流和趋势更多是人们找不到自我之后盲目跟从的虚幻结果。文学的物质材料是文字,这就天然决定了记录和见证是它的本质功能之一,而这种功能,在任何时候都不会丧失意义,特别是,没有人会担保奥斯维辛不会死灰复燃的情形下。文学并未因为有这样的功能而丧失它的尊严,《古拉格群岛》(索尔仁尼琴)、《日瓦戈医生》(帕斯捷尔纳克)、《科雷玛的故事》(瓦尔拉姆·沙拉莫夫)是在给文学加分,还是使之蒙羞,显然已不需要饶舌。这是从狭义的角度来理解的"记录与见证",从广义而言,书写即为记录,存在即为见证,《追忆逝水年华》《尤利西斯》《百年孤独》等经典作品,哪一部不是"记录与见证"?只不过,有时候我们目

[①] [日]坪内逍遥:《小说神髓》,刘振瀛译,上海译文出版社,2010,第81页。

为五色所迷，反而看不清事物的本质而已。

曾有两种极端的倾向让文学深受其害，一种是给文学加载，恨不得将一切意识形态都加载到文学身上，很快就把它的脊梁压断，让文学丧失自我，成为跪在地上的附庸。另外一种，正是源于对前一种的警觉和反弹，不断给文学减负，恨不得切断文学与一切外部的联系，变得纯而又纯。结果，孤芳自赏的文学，因缺乏更广阔的土壤而面黄肌瘦。对此，不少作家尚不自觉，他们一直沉醉在挖掘"心灵"、开掘"人性"以至"自我就是世界"的迷梦中，让文学陷入封闭的世界，在封闭中窒息、死亡。

记录，是文学的自我打开和开放容纳，会让作品本身充盈、饱满、坚实。强调文学的记录功能，并非是要简化它的其他功能，作家不是档案员，甚至也不同于记者，他的"记录"有着复杂的书写机制，否则，写出的就不是文学作品了。我强调它的目的是，提醒大家不要轻易忘记文学的根本出发点，从而让文学自身变得更为丰富。文学不当画地为牢，它的内涵丰富与否与它的外延大小并非毫无关系，文学与历史学、社会学、民俗学等的"牵扯""纠缠"会让它血气丰沛、魅力大增。同时，我们不必担心文学独立性问题，不必担心"文学性"的问题。因为，"文学性"不是纯而又纯的炫技表演，也不是蒸馏水。《诗经》就是一个容量非常大的文本，它不仅作为文学典范而存在，其博物学、历史学等研究也长盛不衰。孔夫子早有"多识鸟兽草木之名"的教导，"六经名物之多，无逾于诗者，自天文地理，宫室器用，山川草木，鸟兽虫鱼，靡一不具，学者非多识博闻，则无以通诗人之旨意，而得其比兴之所在"①。而这些,不恰恰是《诗经》生生不息的魅力之源吗?文学文本作为社会学和历史学等研究的重要参证,例子不胜枚举。很多谈到明代社会生活的时候,无不引证《金瓶梅》这类小说中的描写。陈寅恪先生的"以诗证史",也属此类,他从元稹、白居易诗歌中找到了很多打开唐代历史的缺口。在研究唐代官吏俸料制度时,他认为:"今唐会要玖壹至玖贰内外官料钱门、册府元龟伍佰陆邦计部俸禄门及新唐书伍伍食货志诸书,所载皆极不完备,故元白诗中俸料问题,颇难作精密之研究,仅能依据会要册府所载贞元四年京文武及京兆府县官元给及新加每月当钱之数,并新唐书食货志所载会昌时百官俸钱定额,与元白诗文之涉及俸钱者,互相比证,以资推论……"②这应该就是坪内逍遥所说的作为"正史的补遗"吧?"补遗"是从历史学方面来说的,如果从文学方面说,这样的文本"物质基础"雄厚,自身的传播力、影响力也必将大增。

  文学的记录和见证是有着明确的时间指向的,它指向的是未来,寄望于"历史"。有时间长河为背景,以保存当下的记忆为未来作见证,它便有着自己的伦理要求,比如,真实、公正、符合人性等;它也不能鼠目寸光,计较眼前得失,而是要有历史眼光,着眼未来。而这个行为,绝对不是"为历史储存材料"这么简单,它不是以取消文学自身特性为代价,而要发挥文学的作用和特长,唤醒历史麻木、冰冷的心灵。尽管历史研究已经在不断扩大自己的视野,如法国年鉴学派的布罗代尔等人的研究,

---

  ① 纳兰成德:《毛诗名物解·序》,转引自扬之水:《诗经名物新证》,北京古籍出版社,2000,第2页。

  ② 陈寅恪:《元白诗中俸料钱问题》,《陈寅恪集·金明馆丛稿二编》,生活·读书·新知三联书店,2009,第67页。

充分注意到日常生活在历史研究中的价值和意义①，然而历史研究毕竟被严格地定位为科学、客观上，显而易见的结果，它往往充满冰冷的数据、事件、因果关系，而看不见人的面孔、脉搏的跳动，也感受不到肌肤的温度。在这一点上，文学恰恰有它的擅长，在文学书写中，人不是复数的，而是单数的；每一个都有鲜活的面孔、丰富的心灵、清晰可见的灵魂；它既是人的具体行动，也是情感与内心的活动记录……这不是乌托邦，只是，我们并不常常这么看文学作品而已。

对于文学记录与历史书写，冯骥才早有清醒认识："史学家偏重于灾难的史实，文学家偏重于受难者的心灵。"②他书写的是"心灵史"，这是问题的关键所在，也正是历史所缺。对此，冯骥才有着很明确的文学主体意识："因为我不仅需要这一百个人的本身经历具有独特性，更重要的是，他们内心体验具有独特性。""纪实文学的文学性是我主要需要解决的问题。……比如采访中追求对人物独特内心体验的追寻，使纪实主要是记录人物内心的真实，加强了人物塑造的意图。人物出来了，文学至关重要的因素便出来了，文学的深度也出来了。"③再推进一步说，在文学记忆向历史记忆转化的过程中，保存下来的，不仅仅是客观、真实的史料，还有情感、心灵的活动，有人生的酸甜苦辣、喜怒哀乐，这是"人"的历史。

以上是本文评价冯骥才创作的前提。在这个前提下，我还要重申：一、应当避免对文学记录、见证功能的偏见，对历史和未

---

① 布罗代尔的名著《十五至十八世纪的物质文明、经济和资本主义》第一卷书名即为《日常生活的结构：可能和不可能》。
② 冯骥才：《〈一百个人的十年〉前记》，《冯骥才》诗文卷（一），第457页。
③ 冯骥才：《"文革"是我文学的母亲》，《冯骥才》诗文卷（二），第216页。

来有承担的文字才可能是长久的。二、要破除虚构文学和非虚构文学的等级观点，在当代人的潜意识中，诗歌之外，虚构文学仿佛比非虚构文学拥有天然的更高的等级，"文学"之名完全被虚构文学独占，这种短见让我们错过了很多美丽的文学风景。

三

记录和见证都将化作记忆，从文学—记忆这个视角来看冯骥才的创作，在虚构与非虚构两个领域，他都有不凡的建树。

在虚构的领域中，他的创作分为两大类：一类是时代记忆。《铺花的歧路》《啊！》《雕花烟斗》《感谢生活》《高女人和她的矮丈夫》《楼顶歌手》《末日夏娃》等都属于此类，这也是对当年"雪夜来客"提问的直接回答，通过个人记忆的储存为后世留下一代人的所思所感。这一部分创作，既是冯骥才内心情感的喷发，也与新时期以来的文学主潮紧密相依。另外一类，则是文化记忆。包含《怪世奇谈》系列（《神鞭》《三寸金莲》《阴阳八卦》），《俗世奇人》系列，以及《逛娘娘宫》《炮打双灯》等零篇。这是他生活体验、学术积累和文化反思相融合的结果，这批作品中保存着民俗、地域文化等诸多文化记忆，还有当代人对此的反思。正如他对于那些"俗世奇人"的看法："若说地域文化，最深刻的还是地域性格。一般有特色的地域文化只是一种表象，只有进入一个地方人的集体性格的文化才是不可逆的。""我承认，我是从文化视角来写这一组人物的。从年鉴学派的立场看，任何地域的性格，都是在其历史某一时期中表现得最充分和最耀眼……"① 对地域性格的发掘和寻找,体现了一个作家在现代文明的大背景下的文化眼光和自觉。

在非虚构的领域中,他的创作也有两大类:第一类是大地记忆。包括《武强秘藏古画版发掘记》《豫北古画乡发现记》《人类的敦煌》《巴黎,艺术至上》《倾听俄罗斯》《西欧思想游记》等,这是他行走在中外大地上的所见、所感、所思,也是20世纪90年代以来,随着他文化保护的步伐而写下的"实录"。第二类是个人记忆,采取的是口述史的方式,这类又可分为两部分,一部分是他者记忆,包含《一百个人的十年》《炼狱·天堂:韩美林口述史》等。另一部分是自我记忆。其中有他的"自我口述史"系列,计划中有五部书,《无路可逃》(1966—1976)、《凌汛》(1977—1979)、《激流中》(1979—1988)、《搁浅》(1989—1994)、《漩涡》(1995—2015),目前已经完成前三部。还包括两本个人经历的图文册《生命的经纬》和《金婚图记1966—2016》②。后面两部,虽然不是本文论述的对象,但是,冯骥才作为一个文字工作者(当然也是一位画家),对于图像参与历史见证和叙事的意识值得注意,他说:"我一向重视图像的见证价值,甚至认为'珍贵的照片'等同于文献。故而,将我人生、经历、事件、创作等各方面重要的照片,分别系列地插入各卷之中;不是作为插图,而是作为本书一部分不可或缺的内容。"③ "自我口述史"的写作目的也很明确,冯骥才认为:"这种写作的意义

---

① 冯骥才:《又冒出一群人(序)》,《俗世奇人(贰)》,作家出版社,2015,第2、3页。
② 《生命的经纬》,生活·读书·新知三联书店,2012;《金婚图记1966—2016》,2016年作者自印本。
③ 冯骥才:《总序:用一部书总结自己》,载《冯骥才》诗文卷(一),第3页。

和目的是用个人的命运来见证社会的历史。个人的命运或许是一种生活的偶然,但无数偶然彼此印证,便是一种历史的必然。"①

这样的分类,几乎囊括冯骥才所有的创作,从这样的视角解读,既基于作家的记录意识、写作动机,又基于他的作品本身所呈现出来的记忆内容。如《逛娘娘宫》,作家设计的情节是一个孩子与他的保姆一次难忘的经历,然而,读作品,你会发现,这个情节只是一个躯壳,怎么"逛"似乎并不重要,重要的是逛什么,"娘娘宫"是这个城市民间文化的汇聚地。小说里对于年俗的描摹,娘娘宫里的吃食、玩物、年画、鞭炮,以及拜神的仪式等才是这个作品的主角。作者通过一个孩子的眼睛将它们纳入作品,使文化记忆成为这个作品的内核。这种记录——记忆的模式,也是冯骥才后来做文化保护的思路,由此看来,他后来的文化保护并非心血来潮之举,而是他一以贯之的想法。

很多作品,构成历史研究或社会研究的材料,是无心插柳,而冯骥才的作品,我认为是有意营造。他的记录意识,的确来得比其他作家更明显。这与他的历史意识和敏感性大有关系,而使命感和责任意识又在驱动和强化它的历史意识。冯骥才一直在强调这些:

> 1979年,我写过一篇文章:《作家的社会职责》。我认为作家的社会职责是"回答时代向我们重新提出的问题",作家的写作"是在惨痛的历史教训中开始的,姗姗而来的新生活还有许多理想乃至幻想的成分"。在

---

① 冯骥才:《自序:五十年并不遥远》,《无路可逃:1966—1976自我口述史》,人民文学出版社,2016,第2页。

这样的时代,"作家必需探索真理,勇于回答迫切的社会问题,代言于人民"。我在这篇文章中专有一节是"作家应是人民的代言人"。……

这样一来,不但让我自觉地把自己钉在"时代责任"的十字架上,也把身上的压力自我"坐实"。我常说"我们是责任的一代",就是缘自这个时代。它是特殊时代打在我们这一代骨头上的烙印,一辈子也抹不去。不管背负它有多沉重,不管平时看得见或看不见,到了关键时候它就会自动"发作",直到近二十年我自愿承担文化遗产保护——这是后话了。①

没有历史的敏锐性,抓不住时代的特征;没有使命感,文字会丧失道义的力量,从而也使记录失去动力和灵魂。在使命感驱动下的写作,企图化为历史记忆的写作,又把作家推到另外一个位置——见证者。更重要的是,这个见证者,不是旁观者,而同时也是亲历者。如此说来,这种写作的价值和意义不但实现和丰富了文学的本身,而且升华了文学,超越了文学。

四

我们不妨再缩小范畴,把目光聚焦在冯骥才的自我口述史系列上,从他对个人记忆的书写来估量这类写作的价值和对当代文

---

① 冯骥才:《激流中:1979—1988我与新时期文学》,刊《收获》2017年第5期,人民文学出版社2017年9月出版单行本。此据人文社单行本第5—6页。

学的贡献。仅从完成的三卷①来说，它们是作家在古稀之年为中国当代文学贡献出来的当之无愧的力作。回忆录的写作，作者跟随记忆自然流泻，容易走入松松垮垮的套路中，可是，冯骥才不是轻率而作，而是长期思考，精心构制。它不是一般的人生流水账，而是经过作者结构过的个人记忆，在素材的选择上，作者更看重个人记忆与历史之间的连接点。比如，从1966年开始写起，且不说这个年份在20世纪中国历史上的标志性意义，就说作者突然将自己成长中以往的二十四年的经历省略掉（尽管在部分叙述中，有不少回溯性的描述），就能见出作者的良苦用心。作者突出一个人的精神成长，与时代、历史之间的关联，而对个人生活的琐事尽量做到叙述俭省。他写恐怖的新婚之夜，那是特殊年代非人性生活的集中展示，几乎不提他们的恋爱过程和细节，则是作者认为，这些个人生活与大历史之间联系并不紧密，尽管在个人生活中，它们同样重要。在《激流中》（1979—1988）中，有一节是《世间生活》，也是在历史的眼光关照下的个人生活，而不纯粹是世俗生活。比如房子问题，那是20世纪80年代不知困惑多少中国人的社会问题，而非个人问题……每卷书都仅有十章，哪怕是1979年到1988年，这样的火热年代，该有多少事情可以叙述啊，作者也是非常节制，这一切都显示出作者像写小说一样的精心剪裁、苦心布局。

  这三部书都是精美的文学作品，它塑造的那些活动在时代大舞台上的人物形象，可为此作证。作者是高妙的小说家，寥寥几笔就写活一个人物，给人留下难以忘怀的印象。《无路可逃》

---

①《无路可逃》（1966—1976）、《凌汛》（1977—1979）、《激流中》（1979—1988）。

（1966—1976）中，被抄家的风暴所裹挟的"二妈"，遭受男人欺骗又为无情的历史所践踏的二姨，还有为了庆贺饮酒过度而死的二姐夫……在历史的卷册上本来没有这些普通人的身影，然而，文学的记忆会撞击历史的心灵，让这些普通人清晰地呈现在大时代的幕布上。在《凌汛》（1977—1979）、《激流中》（1979—1989）中，很多作家活灵活现地登场，尤其是在冷暖交替的季节里，冯骥才捕捉到他们的精神面貌会和他们的作品一样留在文学史上的。双眉紧锁的冯牧，热情昂扬的李陀，侃侃而谈的阿城，抱着西瓜来慰问他的"小伙子"刘恒等，个个经历不同，性格鲜明。虽然出现在作品中，大多都是一个"剪影"，可是作者写他们并不满足于提供一点儿逸闻轶事，而是要写出他们的精神状态。如写张贤亮，就写出了一颗带着伤痕的不羁灵魂。作者初识张贤亮，便记下这样的一个细节："……他靠墙蹲在地上抽烟。大家笑他在牢里蹲惯了，'恶习'难改。"① 这样的"恶习"一直持续到张贤亮成为闻名全国的作家、全国政协委员时，那时候，他们住在一起：

> 我那时身体健壮很能吃，贤亮比我还能吃。他还常叫我给他带一个馒头回去。在食堂吃饭是不好再带走东西的。我就先把馒头放在眼前，再掏出手绢擦擦嘴，顺手把手绢盖在馒头上，完事将手绢和馒头一起抓走，回到屋里把馒头扔给他。我说："我可不能天天这么偷馒头，哪天把我抓住，只能把你供出来，撤了你这委员。"

---

① 冯骥才：《凌汛：朝内大街166号 1977—1979》，人民文学出版社，2014，第43—44页。

一天与何士光谈起贤亮这个奇怪的食欲。士光说他一定是曾经挨过饿,饿怕了,就像杰克·伦敦《热爱生命》中那个主人公,被从死亡线救到船上后,天天吃过饭必偷几片面包带回舱,掖在床垫下边,后来叫船员们发现了报告给船长,船长说:"这是饥饿造成的,是对饥饿的一种恐怖,过一阵子就会好了。"果然,一些天后他的床垫下不再有面包了。

贤亮后来也不再叫我给他偷馒头,但他依旧见饭如命。他很聪明,主动结识了几个大会工作人员和他们打得火热,每天夜里跟着这些工作人员去食堂吃值班夜宵。我想,他究竟经受过怎样极端残酷的饥饿才留下这样畸型的食欲?他好像总怕什么时候断食了,必须不断地吃。更奇怪的是,每遇到特别好吃的东西,我会很解馋地几口吃下去,他反而吃得很慢,带着一种欣赏的态度,慢条斯理地一点点儿吃,好像怕吃没了似的。①

这样对张贤亮的"毒辣"观察真不多见,然而,它又是多么贴切!

作者笔下的王蒙是一个颇可玩味的形象。初次见面,这是一个"学校班上的新生"样子,那是1978年,在人民文学出版社韦君宜的办公室里:"他穿一身干净的蓝制服,所有扣子都紧扣着,胸前别着一枚团徽,好像是'文革'后共青团恢复工作所召开第一次全国性会议,他是新疆维吾尔自治区代表,正在办理调回北

---

① 冯骥才:《激流中:1979—1988 我与新时期文学》,人民文学出版社,2017,第78—79页。

京的手续。他光光的脸上没有皱纹,头发像年轻人一般黑,文质彬彬戴着一副眼镜,目光温和平静,一双手放在膝头上,中指刚好对着裤子的中缝,有点儿古板和拘谨,像学校班上的新生。"①冯骥才承认,后来发现,他对王蒙的这个"最初印象""大出偏差",王蒙稳健、慎重,但是骨子里也有放达浪漫的一面。究竟哪一个才是王蒙呢?估计朋友们也在不断地琢磨。书中还为历史留下了一个作为部长的王蒙的形象:

> 一天在京开会,我和贤亮、邓友梅约好,去王蒙家看他。那时王蒙的家已搬到虎坊桥一个挺大的公寓式单元里。王蒙真是一个绝顶聪明的人,他知道我们的心里是怎么样想的。待我们进了他家,他爱人崔瑞芳大姐笑眯眯地说:"王蒙在等着你们呢,你们进去吧。"
> 王蒙从屋里手拿着一张纸出来,不等我们开口便说:"我刚把电影《爱情故事》主题歌的歌词译完,你们听听我译得怎么样?"他便拿着手中的译稿,五音不全地唱了一遍他翻译的《爱情故事》。就在社会上对他出任文化部部长议论纷纷时,他竟在家里翻译美国电影主题歌的歌词。我忽然明白,他就用这办法,巧妙地回答了我们对他当上领导后会不会失去自己的疑虑——他依然自由和潇洒。②

而这卷书结束的时候,作者的笔又落到王蒙身上。那是1989

---

① 冯骥才:《凌汛:朝内大街166号 1977—1979》,第75页。
② 冯骥才:《激流中:1979—1988我与新时期文学》,第162—164页。

年的除夕,冯骥才进京出席早已载入史册的在中国美术馆举行的首届中国现代艺术展。"原本听说王蒙会来出席开幕式,却没见人来。高名潞说文化部办公厅一早来电话说,王蒙部长临时改去西便门外的白云观参加一个年俗活动去了。"及待参观结束,冯骥才去拜访王蒙时,却是这样一幅情景:

> 我敲门时还不知王蒙是否已从白云观回来,门开了,原来王蒙在家。我说:"哦,原来你故意没去美术馆。"王蒙说:"你怎么不懂,这种不知深浅的展览我能随便出席吗?"我想了想也是,刚刚展览上那种混乱的情况,他去了怎么表态?正与他聊天之时,电话响了,王蒙拿起话筒接听,忽然"啊"的一声随即面露惊讶。他放下话筒后便对我说:"我说这展览不好说嘛,开枪了。"①

在这样一枪和大年三十的鞭炮中,作者送走了20世纪80年代,也结束了这卷的书写。那个年代,那些人、那些场景却因作者的一支笔留了下来。

一部个人口述史,作者本人才是主角,作者说:"笔是听命于心的。可是这一次,我所写的不是别人,而是我自己。我是主人公。我将把自己的昨天拿到今天来'示众'。"对于这样的"心灵的自述与自白",作者强调"真实性"②,这自然是应有之义。不过,正如前面所说,这是一部作者精心构制的作品,作者并非

---

① 冯骥才:《激流中:1979—1988 我与新时期文学》,第 224—226 页。
② 冯骥才:《凌汛:朝内大街 166 号 1977—1979》,第 2 页。

赤裸裸地"示众",而是有选择把他的一面展示出来——当然,这个首先要符合他的个人与大历史之间关系的主题。我其实并不关心这些,一切叙述都是有限的呈现,而无法呈现全部。我关心的是作者的内心自我分析和思想演进的历程,这些作为一个"个案"足够提供出无数的话题了。20世纪二三十年代,胡适之鼓励大家写自传,其目的是"给史家做材料,给文学开生路"①,作为新时期文学的弄潮儿和当代最重要的作家,文化事件的参与者、亲历者之一,冯骥才的个人口述史的史料价值毋庸置疑。它不仅是我们研究这段历史,特别是文学史的重要参考资料,而且,它也是文学史的建构文献。这样的作品出现,改变了新时期文学史一直由学者书写的局面,这次是由作家来重构文学史,其中等待开掘、值得研究的课题显然非常多。作家不仅直陈很多重要作品酝酿和诞生的背景、过程,而且还会对既有的文学史结构和评价机制提出意见,像他对于人们未能充分理解《三寸金莲》的背后寓意,未能充分重视《阴阳八卦》等作品而表示遗憾,这反映出他的尺度与现有的文学史尺度之间的差异,这些都是一个文学史研究者不应忽略的。

五

按照西方学者的研究,"回忆文化则着重于履行一种社会责任。它的对象是群体(Gruppe),其关键问题是:'什么是我们不可遗忘的?'"同时,他也强调社会"框架"在回忆中的作用,

---

① 胡适:《〈四十自述〉自序》,《胡适文集》第1卷,北京大学出版社,2013,第27页。

没有一个回忆纯粹属于个人,而它都是利用参照这个"框架"形成、保存和唤醒的,"如果一个人或一个社会可以记住的,仅仅是那些处在每个当下的参照框架内、可以被重构为过去的东西,那么被忘记的就恰好是那些在当下已经不再拥有参照框架的东西"①。由此,反观冯骥才的个人口述史,我们不妨对其做一个这样的定位:它是属于为20世纪80年代思想解放运动所唤醒的一代人的自我反思,这一代人经历了新时期的思想解放,也经历过世纪末的思想沉寂和商品大潮,同时,也进入到当下多媒体时代的纷杂局面,向前看,他们接续过"五四"的精神余脉,也身受思想禁锢、文化凋敝之苦。以这样的一个身份来回顾历史,20世纪80年代在他的眼中是思想和文化的"黄金时代":"那是一个非常的时代,也是一个反常的时代;一个百感交集的时代,也是一个心怀渴望的时代;一个涌向物质化的时代,也是一个纯精神和思考的时代;一个干预现实的时代,也是一个理想主义的时代。一切都被卷在这个时代的激流中——特别是文学和文坛,还有正值中青年的我。"② 这是一个可以理解的结论,对于前面的黑暗时期,这是一个蓬勃、喷发、绚烂的时代,也是他们人生的创造期。同时,冯骥才坦承,接下来的一个时代,他把握不住:"我觉得自己抓不住生活了,我无法像昨天那样深知正在激变的生活与社会。同时,我好像也找不到我的读者了,读者总是一代换了一代,是我抛下他们,还是他们抛下了我?我还是他们心灵的知音吗?我还与他们拥有共同的审美吗?虽然文学还在继续,

---

① [德]扬·阿斯曼:《文化记忆:早期高级文化中的文字、回忆和政治身份》,金寿福、黄晓晨译,北京大学出版社,2015。
② 冯骥才:《激流中:1979—1988 我与新时期文学》,第3页。

我还在写,但是生活将要发生的一定有别于昨天。我感觉脚下的路变得模糊了,原先那条文学大河突然在一片陌生的原野上漫漶开来。"①

一切的回忆,特别是这样公开出来,企图成为一种社会记忆的回忆,都在提醒我们"什么是我们不可遗忘的",就像茨威格的《昨日的世界》,绝非简单地怀旧,而不断地提示我们注意,在战火下的欧洲,被打碎的有人们的哪些生活和价值观念。那么,在已经发表的三卷自我口述史中,冯骥才在提醒什么,他力图建构的是什么呢?

从我个人的阅读感受而言,至少有以下几点:

呼唤恢复健全的社会、文明的价值和对人的尊重。这是在经历过"文革"之后,中国知识分子再次的吁求,这一次等于重新出发。《无路可逃:1966—1976自我口述史》开篇第一章展示的便是对人的尊严的践踏,接下来便是恐怖的新婚之夜。那种对人进行人身侮辱,让人敢怒不敢言的情形,在人们头脑中形成长久的恐怖记忆。冯骥才说:"时过五十年,今天我妻子偶然听到砸门声,还会条件反射地心跳起来。"②抄家后,全楼的人集中在一个屋子里,冯骥才写出一个奇怪的现象:"令我惊奇的是,大家相互见面竟然谁也不理谁,平日里大家关系挺好,说说笑笑,此刻谁都不看谁一眼,好像彼此全做了戒备。"③

---

① 冯骥才:《激流中:1979—1988 我与新时期文学》,第228页。
② 冯骥才:《无路可逃:1966—1976自我口述史》第29—30页。这种"后遗症"在很多人身上都有,1986年巴金撰文《"样板戏"》,其中谈道:"好些年不听'样板戏',我好像也忘了它们。可是春节期间意外地听见人清唱'样板戏',不止是一段两段,……我接连做了几天的噩梦……现在我才知道'样板戏'在我的心上烙下的火印是抹不掉的。"(载《巴金全集》第16卷,人民文学出版社,1991,第680页。)
③ 冯骥才:《无路可逃:1966—1976自我口述史》,第27页。

控诉，是"文革"结束后共同的姿态，然而，随着后来"向前看"，人们或许因眼前美景忘了伤疤。然而，在冯骥才的回忆中，这样的力度并没有削减，它从反面来呼吁理性的、健全的社会出现，这本身也是20世纪80年代的思想遗产。

怀念80年代文学和精神氛围。怀念什么呢，那个时代的什么打动了他们呢？冯骥才至今的叙述还掩饰不住当初的兴奋和激动。"那是一个短暂的、思想激荡的、忧国忧民和满怀希望的时代。一种从生活深处涌出的社会情感与时代思潮，在寻求着文学的表达，而时代记录与心灵述说原本就是文学的本质。在那个时代，每个作家都有真切的心灵情感，都有文学的正义；当个人的遭际与国家的命运、人民的疾苦全然一致，当文学一旦摆脱文化的专制与禁锢，一定迎来一个全新的文学时期。"① 这里面，已经透露出作者的价值取向，能够让我们琢磨他看重的是什么。冯骥才用个人经历重述了文学史上很多重要的节点和事件，让我们看到每前进一步的艰难，一个常识或者一个普普通通的事情，并非天然存在的，而是不知多少人去争取来的。而文学自身的回归，是20世纪80年代，每一个写作者心中的美好梦想：文学回到自身，文学就解放了，就自由了……然而，对于什么才是文学的自身，它有确定性吗？可能还是一首朦胧诗。

文学与读者的关系，文学与生活的关系，也让冯骥才怀念不已："在那个媒体相对受约束的时代，文学选择站在生活真实和时代前沿的位置。为此，文学从来没有过如此广阔和巨大的读者群，从来没有与读者出现过如此强烈的碰撞。记得当时我和一位

---

① 冯骥才：《凌汛：朝内大街166号 1977—1979》，第39页。

作家交谈作品的读者效应时,都感受到一个细节常令我们感动不已——就是一些读者的信打开时会发出沙沙声:因为读者是流着泪写的,泪滴到纸上,写好折上时,纸有点儿黏,所以揭开时发出这轻微的、令人深深感动的声音。"①这是不断流传的80年代神话,按照记忆理论,记忆的这种方式被唤起,恰恰是因为现实中的某种缺省,而今,商业文化的氛围与之完全不同,那些消失的东西才尤为值得怀念,因为,冯骥才们更清楚:那样的时代很难再重现了。

梳理80年代思想解放的精神资源。从冯骥才的叙述中,可以看出,西方近代以来的文学名著是养育他们心灵的精神资源之一,而中国传统的、民间的文化资源,是在后来才得到体认的。与更年轻的一辈作家不同,冯骥才还强调五四新文化带给他的影响,他提到的作家有茅盾、巴金、冰心等。他写过茅盾对他创作的支持,让他见识了"那一代知识分子的骨气与血气",巴金的支持,更让他感觉到"又一只巨大、温暖而有力的手撑在我的后背上"。他甚至直白地表达:"为什么这时真正的文学支持都来自遥远的'五四'?"②在后来,他还特别提到知识分子的批判精神:"但真正站在文学前沿以笔为旗的只有巴金。巴金的意义是把五四中国知识分子的批判精神直接贯通到80年代对'文革'的批判上来。特别是他自我的良心拷问,把批判引入人性与民族性的层面,在树立知识分子的良知与精神品格上具有重要的意义。"他还强调:"巴金先生对中国文学与知识界

---

① 冯骥才:《凌汛:朝内大街166号 1977—1979》,第84页。
② 冯骥才:《凌汛:朝内大街166号 1977—1979》,第68页。

这方面的贡献,还有待于我们更深入地去研究和认识。"[1] 这的确是值得研究的课题,我们向来习惯于往前望而忘了来时路,在新时期文学的发展中,五四新文学的营养和资源起到什么作用,常常被人忽略,冯骥才以切身经历做出的这个提醒,我们不能当作耳旁风。

强调精神至上。冯骥才是一个理想主义者,在现实中,内心得不到纾解的时候,他便沉浸在精神的世界中。他写过"文革"的岁月中,有书、有音乐等带给他们精神上的享受。"十年中,我们一直凭着天性以这种方式生活。……我们活在自己的心灵里,我们对文化的敬畏始终还在,唯美主义还在,虽然我们在生活底层,但我们的艺术生活是自我的,纯粹的,精神至上。"[2] 我不知道,这种面对苦难和纾解苦难的方式,是不是受到了俄罗斯文学精神的影响,受苦可以净化心灵,这种观念曾经打动过巴金,在冯骥才的描述中,我又与之重逢。在冯骥才的回忆中,我看到他遭受的苦难,然而,他不是时代的"怨妇",仅仅诉苦——这曾是很多回忆录的主要内容——他从苦难中获得力量、阳光,得以重生,也就是说,他超越了苦难,用文学和艺术。这是难能可贵的,究其原因,我想这正是精神未曾沦落,精神提供的能量。或许,强调精神至上,追忆这些事情,正是对于当下某些精神萎靡思想状态的有力批判,因为我们太功利、太物质、太金钱至上,才会有冯骥才这种申述。

---

[1] 冯骥才:《激流中 1979—1989》,第四章,待刊稿。
[2] 冯骥才:《凌汛:朝内大街 166 号 1977—1979》,第 148—149 页。

六

"自我口述史",它的魅力还来自"自我",也就是它的个人性。

冯骥才的叙述中,让我们看到了这种"个人"与"时代"的某种同步,也能看到某种错位。比如他谈到"文革"前的局势:作为一名痴迷于文学和绘画的青年,冯骥才几乎没有感受到什么气氛。他"更关注的是历史的经典,与现实政治距离很远,对批判的人物是谁都不很清楚,甚至完全不知道。比如'三家村',只略知吴晗,对邓拓和廖沫沙就闻所未闻了。开始时只觉得社会这些异样的变化与个人关系不大……"①那一年的七月底,他还去买了一部《约翰·克里斯多夫》……

近年来,关于20世纪七八十年代回忆的书也出版过一些,如《八十年代访谈录》《七十年代》②等,拿它们与冯骥才的对比会发现,身处同一时代,个体经历和记忆的差异会如此之大。由此,我们似乎也能看到,冯骥才在他的"自我口述史"中遗忘或省略了什么,比如,白皮书、朦胧诗、萨特、李泽厚等。这是一个需要分析的情况,或许是遗忘,或许是省略,也有可能是回避,也存在没有接触或经历的情况,比如为人津津乐道的白皮书,相当多的人并没有条件接触到这些"内部发行"的书。也不排除这样的可能。在作者的叙述中,并不认为这些经历值得提起或者多么重要,哪怕在历史叙述中,它们被浓墨重彩地描绘,然而在个人记忆中则并非如此。这其中就有一个非常有趣的问题,记忆都是有选择性的,作者选择此而非彼,自然大有说道。可惜,很

---

① 冯骥才:《无路可逃:1966—1976自我口述史》,第1页。
② 查建英主编《八十年代访谈录》,生活·读书·新知三联书店,2006;北岛、李陀主编《七十年代》,生活·读书·新知三联书店,2009。

多问题缺乏实证资料，不能分辨究竟哪些是作者淘汰掉的记忆，又有哪些是他要回避的。

有时候，对读也是非常有趣的事情。在冯骥才的叙述中，1979年2月6日至13日，人民文学出版社召开的"中长篇小说作者座谈会"是非常重要的，它决定了冯骥才在新时期文学第一次亮相的命运，那次会议上茅盾等作家肯定他的小说《铺花的歧路》，"这时，我感到罩在头顶上那坚硬的冰层出现了碎裂"①。在会上，茅盾发言点评了他们的小说，冯骥才也两次登台发言，而且要讨论的三部小说中就有他的一部，不能说他是会议上无足轻重的角色。然而，在王蒙的回忆录中，我看到的是，他提到一串人名，唯独没有冯骥才：

> 一月，我收到了人民文学出版社召集长篇小说座谈会的邀请，乘伊尔62飞机去的。住在友谊宾馆。我与当时可能是在内蒙古，后到了山西的焦祖尧同住一处。同会的还有内蒙古的冯苓植，他的长篇小说《阿力玛斯之歌》是那个时期的重要作品。黑龙江的刘亚舟（不是刘亚洲）、上海的孙颙（现任上海市新闻出版局局长）与竹林……多为新秀。我记得那时在会上大家谈得最多仍然是文学与政治，文学与现实，文学与生活的关系。我则谈了两点略有创见的意见。一个我说，希望今后的作协不再具有消灭作家的职能。……一个我说，文学要追寻我们的精神支柱，这比伤痕、反思（历史经验教训），

---

① 冯骥才：《凌汛：朝内大街166号 1977—1979》，第69页。

什么的更重要。我们的生活、我们的人,失去了精神支柱,这太可怕了。①

王蒙认为他在会上的发言"略有创见",然而,冯骥才的印象正好相反,冯骥才的记忆是:

> 刚刚回北京的王蒙说话是有分寸的,记得他在发言中只是讲了文艺要起到"侦察兵作用、滋润作用和精神支柱作用",以及文艺还应是"国家的文化使节"之类的话,……②

孰是孰非,不是我关注的重点,会议记录当在,查一查不难弄清楚,也许两个人都从自己的角度谈了发言的某一个方面,而不是全面的。我感兴趣的还是,同样一件事情,在不同的记忆和叙述中,呈现出这么大的反差。个人记忆的不确定性,或者正是这种不确定性更为丰富了原初的记忆,这都是值得研究的话题。还有一件事情,两个人的感觉也有细微的差别,就是前面提到的,王蒙就任部长之后,冯骥才等人去看他,他在家里译歌词的事情。冯骥才的感叹是,王蒙依旧很潇洒、自如,"当时我想,确实他有当部长的本领,除他真的没有别人"③。

阿莱达·阿斯曼说过:"官方记忆的困境在于,它倚仗审查制度和人工的模仿。它只能和支持它的政权存在的时间一样长。

---

① 王蒙:《王蒙自传·第二部,大块文章》,花城出版社,2007,第32页。
② 冯骥才:《凌汛:朝内大街166号 1977—1979》,第61页。
③ 冯骥才:《激流中 1979—1989》,待刊稿。

在这之前，它还会催生出一个非官方的对立记忆，扮演批判的、颠覆性的功能记忆的角色。"① 我们不能说，所有的个人记忆都是"非官方的对立记忆"，尽管如此，如果是真的忠于个人记忆的话，在它之中一定有异质性的因素存在，这或许就是它不可替代的价值。

2017年9月11日晚于上海

2017年12月7日下午改

---

① [德]阿莱达·阿斯曼：《回忆空间：文化记忆的形式和变迁》，潘璐译，北京大学出版社，2016，第152页。

做行动的知识分子

——从《漩涡里》看冯骥才在中国当代文化进程中的地位和意义

《漩涡里》记述了冯骥才二十多年来的"文化遗产保护史"和"个人极其艰辛的思想历程"[①],这也是中国当代知识分子忧思与行动的记录。这二十多年来,冯骥才的具体所思所为及其取得的成果,有这本书总结,我不必缕述[②]。我倒是想超越这些具体的事件和内容,把冯骥才作为一个当代知识分子的样本,在中国当代文化进程和知识分子精神史的大背景下来估量冯骥才的地位和意义,并试图在更为抽象的层面上,探讨他的思想和行动对于中国当代知识分子的启示和重要价值。

[①] 冯骥才:《漩涡里:1990—2013 我的文化遗产保护史》(以下均简称《漩涡里》),人民文学出版社,2018,第1页。

[②] 本文行文中省略了很多具体事例,除请参考《漩涡里》一书外,亦可参考《冯骥才的"神圣使命"》一文。

一

《漩涡里》，冯骥才曾谈到"命运"和"宿命"，这固然是一个作家对于天道的尊重和顺应，然而，我也能够看出：命运还出自个人的自我选择。正如冯骥才所说，这种选择"从无可选择到不能逃避，我是从一种情感化的投入渐渐转变为理性的选择"①。冯骥才是一个充满激情的艺术家，但是，他人生的旅程中，激情不曾让他迷失过。从他的思想历程看，人生的重要选择即便最初处于被动，但是很快就会趋向自觉。如此说来，当他决定不再囿于书斋，而是要走出来"做行动的知识分子"时，这个选择也绝不是盲目的或一时头脑发热。"做行动的知识分子"的自我定位是在新的文化背景下的自觉选择，它也贯穿在他二十多年来的整体思想和行动中。

早在2002年，他就说过，"单纯用笔，触不到实际问题。用小说——没等你把小说写好，一个古村落就没有了"，所以要有切实的行动。他说，李欧梵称他为"有机知识分子"，"有机的，就是多方面的，综合的；既用笔，也用行动。后来我干脆就用'行动的知识分子'了。""行动是一种投入。而且行动是有感召力的。""被实践了的思想才是有生命的，不管是成是败。"②在此，他强调思想和行动的统一而不是割裂。在2004年所写的《思想与行动》一文中，他宣言式地表明：我喜欢行动，行动使我们看到自己的思想，在行动中思考，使思想更具有生命感；在思考

---

① 冯骥才：《漩涡里》，第2页。
② 冯骥才：《忧思与行动——冯骥才、周立民对谈录》，漓江出版社，2015，第93—94页。

中行动，让思想在现实中开花结果①。

由于对"行动"的强调，他区别了书斋的知识分子和行动的知识分子。再进一步，他区别了文人（作家）和知识分子："我不愿只作个小说家或作家，这太限制我了。我更认为自己是知识分子。我们正在失去的，是我们永远也追不回的东西。作家只是一个职业，就像你是记者，而知识分子意味着一种精神，一种文化品格。知识分子既站在现在看过去，也站在未来看现在。"②这就意味着，除了个人的创作、荣誉之外，他还要谋求更高的使命和对于社会的作用。加缪曾说过："不管是处于低谷还是暂时的辉煌，无论是处于暴政的压迫下，还是能有暂时的言论自由，作家总能找到那种活生生的与群众共通的感觉，但他必须履行两个职责，即一个是为真理奋斗，一个是为自由奋斗，这也是作家这一职业的伟大之处。既然作家的使命是尽可能地团结最广大的群众，那么他就不应该在谎言和强制面前退却。"③加缪强调的这种为真理和自由奋斗的使命，正是"知识分子"的使命。在加缪看来，作家的作品诉诸公众，使之具有天然的这种职责。

对于知识分子，历来都是有它的价值标准的，冯骥才也有自己心目中的知识分子，比如他一再强调的"精神至上"④。在这一点上，他始终是高蹈的，与此同时，他又不是虚空的，而始终强调思想的实践性和精神的脚踏实地："我一直强调知识分子既

---

① 冯骥才：《思想与行动》，《漩涡里》，人民文学出版社，2018，第328—329页。
② 陈洁：《访知识分子冯骥才》，转引自《文化保护话语》，青岛出版社，2017，第136—137页。
③ [法]加缪：《1957年12月10日的演讲》，王殿忠译，《加缪全集》散文卷Ⅱ，河北教育出版社，2002，第368页。
④ 冯骥才：《〈灵魂不能下跪〉序》中说："一个以'精神捍卫'为目标的使命摆在我们这一代知识分子的面前……"。

是形而上的也是形而下的。形而上的是知识分子永远在思考，为了未来思考，为了下一代思考，用未来要求现在，对时代的看法要有穿透力。形而下的是知识分子永远要在第一线，在第一线才能了解这个社会，才能知道这个社会的病灶在哪儿，才能把话说准了。我们的工作永远在形而下和形而上之间行走，永远要把最现实的问题拿到形而上的高度去思考。"①从这一点来讲，他的姿态又放得很低，到田野里，到民间，到人群中，他做的事情有宏伟的目标，也有科学的规划，更有精细的推进步骤。如果把《漩涡里》看作是冯骥才的行动账本的话，里面记载的都是这一笔笔细账。他之所以有这些收获和成就，我认为首先是因为他有着这样的明确定位，也就是他书中说的实现了他从一个作家到文化遗产保护者的转型。传统的作家，并不长于行动，甚至说这是他们的短板，而"文化遗产保护"本身就要求拿出具体行动。只有明确的身份认同，他才算真正投入到"文化遗产保护"中来了，而这样的"行动"，我并不认为就是放弃了他的作家的身份，相反，他扩大和延长了作家的社会功能。或者说，他突破了这一类知识分子的传统功能，使之发挥了更大的效能，恰恰在这一点上，我们不应当轻易放过冯骥才，而要把他作为"标本"来研究，来探讨在后现代的语境下，知识分子何为。

在各种关于知识分子的讨论中，萨义德的《知识分子论》迄今为止仍然是最为透彻和切中时弊的，对照他书中的观点，用冯骥才的事例作为样本，我认为充分认识到冯骥才文化行动的价值和意义，对于丰富中国当代知识分子传统和今后知识分子自处及

---

① 冯骥才：《能想象齐鲁大地上找不到古村落吗》，转引自《冯骥才文化保护话语》，第133页。

与外部世界建立合理的关系都是具有深远意义的。随着时间的推移，这种意义和价值会更加突出，我们必须及时总结和研究。萨义德在书中谈到一个知识分子的"宿疾"："今天，每人口中说的都是人人平等、和谐的自由主义式的语言。知识分子的难题就是把这些观念应用于实际情境，在此情境中，平等与正义的宣称和令人难以领教的现实之间差距很大。"① 长久以来，连知识分子本身都自然而然地认为，知识分子属于头脑发达、行动笨拙的一族。提到"知识分子"，"口若悬河""夸夸其谈""华而不实"这样的形容词便如影随形。我甚至还会想到俄罗斯文学作品中的那些"多余人"的形象，想到冈察洛夫笔下的"奥勃莫洛夫"。尤其是在当今社会中，社会分工的细密进一步推进了知识分子行动能力的退化。

知识分子继续做被人不屑的浮夸者并进一步从社会中边缘化，还是寻找途经挽救日益严重的颓势呢？这恐怕是每一个以知识分子自命的人不能不警醒和深思的。萨义德对于知识分子的实践性是有所强调的，他尤其提醒大家应当摒弃通常的虚妄性："知识分子并不是登上高山或讲坛，然后从高处慷慨陈词。知识分子显然是要在最能被听到的地方发表自己的意见，而且要能影响正在进行的实际过程，比方说，和平和正义的事业。"② 这在提醒我们：知识分子不能放弃启蒙民众和社会的责任和行动。——这本身又是高谈阔论，还是具有现实性呢？知识分子的自我救赎的道路存在吗？我想，冯骥才和他记述在《漩涡里》的种种事例可以为此

---

① [美]爱德华·W.萨义德：《知识分子论》，单德兴译，生活·读书·新知三联书店，2002，第80页。
② 爱德华·W.萨义德：《知识分子论》，第85页。

做出回答,可以说,这本身也是冯骥才存在的巨大意义。

还要强调的是,我认为冯骥才的"回答"是一个非常有效的回答,但是,这并非意味着它就是唯一的回答,知识分子以各种生活方式和行动方式都可能服务于社会,其结果也会殊途同归,故凡事不可一律。在这样的前提下,又要强调冯骥才的特殊价值和意义,那是因为由他的言行所体现出的标准和价值,更切中时弊,更利于摧毁知识分子的病灶,更为急切地解决当下的问题。

二

在中国古代,先贤们也强调"士"为真理("道")献身。孔子曾说过:"士志于道,而耻恶衣恶食者,未足与议也。"① 这种献身于道而以天下为己任的思想中,世俗生活可以居于次要地位。"士"所追求的目标都是非常高远的,曾子说:"士不可以不弘毅,任重而道远。仁以为己任,不亦重乎?死而后已,不亦远乎?"②"士"作为一个特殊的阶层是拥有特殊地位和社会资源的一群人,余英时归纳中国传统知识分子的基本特征时,谈到这样三点:士代表着具有普遍性的"道";"道"的功能是安排人间秩序,这也就形成了士以天下为己任的观念;士相信"道"比"势"尊,以"道"的标准来批评政治、社会从此成为传统知识分子的分内之事。③ 在这个过程中,知识分子实现了他们的政治主张、社会理想和个人价值。"中国知识分子一开始就和政治

---

① 《论语·里仁》,载杨伯峻译注《论语译注》,中华书局,1980,第37页。
② 《论语·里仁》,第37页。
③ 余英时:《道统与政统之间——中国知识分子的原始型态》,载《士与中国文化》,上海人民出版社,2003,第96页。

权威发生了面对面的关系。但是以现实的势力而言，知识分子和各国君主是绝对无从相提并论的。知识分子之所以受到尊重，基本上是由于他们代表了'道'。在各国争霸的局面下，王侯们除了需要知识分子的技术服务外，同时更需要'道'对他们的'势'加以精神的支持。建筑在赤裸裸的暴力基础上的'势'是不可能有号召力的；政权多少都要具备某种合法性（或者也可以说是'合道性'，即英文的 legitimacy）。"① 余英时还特别考察了士大夫与皇帝共治天下的黄金时代宋朝的情况，② 不过，传统士大夫这样的帝王师之梦，随着1905年（光绪三十一年）科举制的废止而受到了阻隔。"通过科举考试（特别如唐、宋以下的"进士"），'士'直接进入了权力世界的大门，他们的仕宦前程已取得了制度的保障。这是现代学校的毕业生所望尘莫及的。"③ 那么，失去庙堂的中国现代知识分子的社会理想和个人价值如何实现，在过去的一百多年间时间里，成为知识分子苦苦追求和奋力探索的要点。当然，路径并非是唯一的，比如，还有多少人仍然在做着帝师的残梦，也有埋首书斋中管他东南西北风的。有人把教育、出版、学术研究等划为知识分子的"胜业"，把"广场"作为启蒙的良所，至少也可以把书斋视为知识分子的庇护所，由此梳理出现代知识分子的精神传统，这的确是一个值得重视的传统，尽管它还需要继续丰富和充实。

然而，旧时代中的现代知识分子面对复杂的历史和社会形势，

---

① 余英时：《中国知识分子的古代传统——兼论"俳优"与"修身"》，《士与中国文化》，第107—108页。
② 详见余英时《朱熹的历史世界——宋代士大夫政治文化的研究》中"宋代'士'的政治地位""'同治天下'——政治主体意识的显现"等相关论述，生活·读书·新知三联书店，2011。
③ 余英时：《新版序》，《士与中国文化》，第6页。

不断地陷入无地彷徨的境地，以至于有五四"低潮期""落潮期"的传统说法。从《新青年》集团同人的后来不同选择中，我们能够看出某种共同的趋向，可以看出现代知识分子的艰难探索。1919年春天，面对着青年人中流行的"顺世堕落的乐观主义"和"厌世自杀的悲观主义"，陈独秀提出"爱世努力的改造主义"，他说："努力改造纵然不能将人性上黑暗方面和烦闷生活完全扫除，总可以叫他比现在逐渐减少，除此便没有救济堕落以至灭亡的方法。"① 怎么"爱世"、如何"改造"呢？他没有拿出具体的办法，不久之后，他甚至放弃了由《新青年》开启民智、启蒙国民的路数，投身实际的政治运动，开始了"建党伟业"。他的同伴胡适之，向来不喜欢高谈"主义"，希望研究具体问题，面对种种社会问题，他只能来一个"好政府主义"②。这一点十足地显示了知识分子的无能为力，仿佛不是主张，而是乞求。"我们以为国内的优秀分子，无论他们理想中的政治组织是什么，（全民政治主义也罢，基尔特社会主义也罢，无政府主义也罢）现在都应该平心降格的公认'好政府'一个目标，作为现在改革中国政治的最低限度的要求。我们应该同心协力的拿这共同目标来向国中的恶势力作战。"③ 1928年，"好政府"的目标退到"给我们一点点自由"："我只好开口了，大意是说谭〔组庵〕先生希望我们来做建设事业。这个担子我们不敢放弃。我们这回有四百件案子，其中大半都可

---

① 陈独秀：《我们应该怎样？（录少年中国学会会务报告）》，《陈独秀著作选编》第2卷，上海人民出版社，2009，第79页。

② 《好政府主义》，为胡适1921年10月22日在中国大学的演讲，讲稿发表在1921年11月17—18日《晨报副镌》。

③ 胡适：《我们的政治主张》，初刊1922年4月25日《东方杂志》第19卷第8期，《胡适文集》第3卷第293页，北京大学出版社2013年11月版。提议人署名有蔡元培、汤尔和、梁漱溟、李大钊、丁文江、胡适等16人。

以说是为国家谋建设的方案。但这些方案的实行须要有三个条件，所以我们对政府有三个要求：第一，给我们钱。第二，给我们和平。第三，给我们一点点自由。后来各报都删去'一点点'三个字，便失了我的原意了。"① 再过一年，"一点点自由"退化为"善意的期望与善意的批评"了：

> 我们都没有党籍，也都没有政治派别。我们的唯一目的是对国家尽一点忠心。所以我们的政治主张不用任何党义作出发点。我们的出发点是中国的实在需要，我们的根据是中国的实在情形。
>
> 我们不想组织政党，不想取什么政党而代之，故对现在已得中国政治权的国民党，我们只有善意的期望与善意的批评。我们期望它努力做的好。因为我们期望它做的好，故愿意时时批评它的主张，组织，和实际的行为。批评的目的是希望它自身改善。②

中国"自由主义大师"与国民党政府后来的关系，人所共知，也令人感叹不已。到他的晚年，越发感觉到"容忍比自由更重要"。"有时我竟觉得容忍是一切自由的根本：没有容忍，就没有自由。"③ 这是反省，还是更大的溃退呢？比他更激烈的鲁迅，一次次地站在时代的风口浪尖，却一次次地失望、伤痛，一个文人曾有被"呈

---

① 胡适1928年5月19日日记，转引自江勇振：《舍我其谁：胡适 [第三部] 为学论政 1927—1932》，联经出版事业股份有限公司，2018，第82页。
② 胡适：《我们对于政治的主张》，《胡适文集》第11卷，联经出版事业股份有限公司，2018，第150页。
③ 胡适：《容忍与自由》，《胡适文集》第11卷，第762页。

请通缉"的荣幸,最后退居书斋以笔为枪的时候,文章被删削,以致不变换各种笔名都发表不出来。书稿通不过检查的情况就更多。萨义德说:"知识分子一定要令人尴尬,处于对立,甚至造成不快。"① 这是站在社会的一面说的,从知识分子一面而言,他们走出书斋、投身社会岂不是四处碰壁、伤痕累累?

"苟全性命于乱世"成为知识分子第一要紧的事情,这不能不说是以天下为己任的知识分子难以逃脱的宿命和莫大的讽刺,然而,它却真实地凸显出知识分子的社会困境和时代困境。知识分子不再拥有"刑不上大夫"的特权,也不再拥有上达天听的话语权,甚至知识分子连表达自我或社会观点的"自由"也不被容忍,这个时候,知识分子的精神和自身的主体性其实是在萎缩。

身为当代知识分子的一员,冯骥才用思想和行动高扬了知识分子的价值。中国当代知识分子的使命意识在退化,冯骥才的使命意识却在增强;中国当代知识分子的行动能力在退化,冯骥才却一个行动接着一个行动。他做一名行动的知识分子,而不是坐而论道的书生,这不仅使自身的生命得以丰富、扩大,而且给当代中国知识分子带来示范性的效应,至少告诉我们:知识分子通过自身的努力也可能走出一条自我之路来。

三

冯骥才做出这样选择是在 20 世纪 90 年代,中国社会的急剧转型期。这个转型期最显著的两个特征是世俗化和专业化。很多知识分子安然书斋,不问其他。

---

① [美] 爱德华·W.萨义德:《知识分子论》,第 17 页。

知识分子并非不食人间烟火之人,哪怕他想这样,实际中也做不到。他与工人、农民、军人、商人等都是现代社会中的一个角色,他需要面对世俗生活中的一切问题,如果说存在决定意识的话,世俗化的倾向是完全可以理解的。对此,萨义德早有论述:"真正的知识分子是世俗之人。不管知识分子如何假装他们所代表的是属于更崇高的事物或终极的价值,道德都以他们在我们这个世俗世界的活动为起点——他们活动于这个世界并服务于它的利益;……"但是,萨义德显然充满期待和有着更高的要求:"如何在心灵中保有一个空间,能够开放给怀疑以及部分的警觉、怀疑的反讽——最好也是自我反讽。"这种要求也提出了一种预警:"身为知识分子最困难的一面就是代表经由你的工作和介入所宣告的事情,而不僵化为一种体制或机器人,奉一种系统或方法之令行事。既能成功地达到那个境界,而且也成功地保持警觉、扎实——任何感受到这种欣喜的人,将体会到那种融合是何等的稀罕。"①

　　班达没有萨义德这样的信心和乐观,他著名的话是"知识分子的背叛",因为知识分子缺乏对阶级、民族、种族等个人性因素的超越,从而与真理对话。"我所坚持的论点——即我称之为以捍卫诸如正义和理性等永恒不变的和大公无私的价值为己任的知识分子,已经为了实际利益而背叛了自己的使命——在我看来一点儿也没丧失其真实性,情况完全相反,知识分子已彻底放弃追寻真理,完全背道而驰了。不过,知识分子背叛自身使命的目

---

① [美]爱德华·W.萨义德:《知识分子论》,第100页。

的主要是为了民族国家。"① 班达失望又激愤地写道:"知识分子已经可耻地背叛了他的使命。比如,当法西斯主义猖狂之时,知识分子因为这是'既成事实'而承认非正义;更有甚者,他自愿充当完全鄙视一切理想性的哲学的奴仆,并且因为它在当下体现了'历史的意志'而断言它是正义的。知识分子的法则应是,当全世界都匍匐在作为世界主宰的非正义之前时,他却要屹立不动,用人类的良心来反对它。"②

20世纪90年代以来,中国知识分子的世俗化与个人生活的发现和重视有关,当然也离不开整个社会由一元化向多元化的经济社会转型的大背景。从个人生活而言,世俗化,以及对日常生活的关注,更接近社会的正常状态。然而,事物总是有着两面性的,沉醉其中、不能自拔的话,也会造成整个社会意志的沉降,作为知识阶层的总体精神特征而言,世俗化便成为这个阶层沦落的一个很重要的标志。当时的知识界对此,不是完全没有警惕的,曾经轰动一时的"文学和人文精神危机"的追寻讨论就发出过预警。有学者指出:"上海学人悲叹'精神侏儒化和动物化',确实是当今人文精神低迷的写真。物欲吞没崇高,眼前的欢娱取代终极关怀,这是古今中外经济繁荣期通常凸显的景象。在中国,经过长期不恰当的压抑后,物欲的急速膨胀更令人们目瞪口呆。"③有的学者曾解释世俗精神何以难以完成精神的超越:"这种超越精神的诉求在当前的中国遇到来自两个极端的挫折,一方面是在

---

① [法]朱利安·班达:《知识分子的背叛》,佘碧平译,上海人民出版社,2017,第23页。
② [法]朱利安·班达:《知识分子的背叛》,第85页。
③ 袁伟时:《人文精神在中国:从根救起》,《人文精神寻思录》,文汇出版社,1996,第196页。(原载《现代与传统》1994年第5辑)

高调的理想主义意识形态失败以后普遍蔓延的犬儒主义、相对主义情绪，什么高尚的说法都不再相信；另一方面则是日益发达的市场经济大潮带来的一切向钱看、物质享乐主义的腐蚀。现在从理性上认识到要提倡超越精神的人，感情上却是厌恶超越精神、拥抱世俗社会的虚无主义。这便是当前知识精英群体的虚弱无力状况。"[1] 无奈，大浪滔天，这样的声音很快就淹没其中，知识分子从世俗化，到享乐化，乃至软骨化。

专业化是萨义德在《知识分子论》中重点论述的一个问题，也是当代知识分子非常可怕的一个陷阱。在书中，萨义德引述左派学者贾克比写的《最后的知识分子》一书中的观点，贾克比认为：今天的知识分子很可能成为关在小房间里的文学教授，有着安稳的收入，却没有兴趣与课堂外的世界打交道。这些人的文笔深奥而又野蛮，主要是为了学术的晋升，而不是促成社会的改变。而他理想中的知识分子应该是："不对任何人负责的坚定独立的灵魂。"他说，现在类似那一代的知识分子已不复存在，取而代之的是一些沉默寡言、无法了解的课堂内的技术人员。这些人由委员会雇用，急于取悦各式各样的赞助者和部门，披挂着学术证件和社会权威，然而这种社会权威并未促成辩论，只是建立声誉和吓唬外行人。[2] 对于这些说法，萨义德并不完全认同，至少他不认为一切罪过都归咎于美国、大学、学院，他认为问题的关键在于"专业态度"：

---

[1] 柯小刚：《从文质史观来看世俗社会与超越精神问题》，许纪霖主编《世俗时代与超越精神》，江苏人民出版社，2008，第65页。

[2] 参见[美]爱德华·W.萨义德：《知识分子论》，第62—64页。

我在这些演讲中一直主张,知识分子代表的不是塑像般的偶像,而是一项个人的行业,一种能量,一股顽强的力量,以语言和社会中明确、献身的声音针对诸多议题加以讨论,所有这些到头来都与启蒙和解放或自由有关。今天对于知识分子特别的威胁,不论在西方或非西方世界,都不是来自学院、郊区,也不是新闻业和出版业惊人的商业化,而是我所称的专业态度(professionalism,也可译为职业态度)。我所说的"专业"意指把自己身为知识分子的工作当成为稻粱谋,朝九晚五,一眼盯着时钟,一眼留意什么才是适当、专业的行径——不破坏团体,不逾越公认的范式或限制,促销自己,尤其是使自己有市场性,因而是没有争议的、不具政治性的、"客观的"。①

萨义德举例解释:"例如,在研究文学时——文学是我的特别兴趣——专门化意味着愈来愈多技术上的形式主义,以及愈来愈少的历史意识(知道在创作文学作品时真正进入其中的真实经验)。专门化意味着昧于建构艺术或知识的原初努力,结果就是无法把知识和艺术视为抉择和决定、献身和联合,而只以冷漠的理论或方法论来看待。成为文学专家也常意味着把历史、音乐或政治排除在外。到头来,身为完全专门化的文学知识分子变得温驯,接受该领域的所谓领导人物所允许的任何事。专门化也戕害了兴奋感和发现感,而这两种感受都是知识分子性格中不可或缺

---

① [美]爱德华·W.萨义德:《知识分子论》,第65页。

的。总之，我一向觉得，陷入专门化就是怠惰，到头来照别人的盼咐行事，因为听命于人终究成为你的专长。"而"听命于人"所导致的结果，有可能"流向被权力直接雇用"①。

在当今中国，"专家"或"砖家"漫天飞，人们对"专家"依赖或崇拜（也可能并非崇拜，而专家的结论至少符合法律和行政程序）。"专家"们的专业化态度，都是科学、客观的，振振有词的，都是无可辩驳的，然而他们时常是缺乏最基本的人文精神。人文精神的掏空成为专家所谓专业行为下最为人忽略的一个问题。对此，我们不妨看一看当年杭州地铁坍塌事件中，报纸所报道的一个科学家的言行②。这是一篇让人读完触目惊心的报道，令人感到惊心的是这位专家的言行。——这场事故的责任究竟由谁来负，这位专家的观点和结论正确与否，乃至这位专家的以往贡献和成就，以及相关的专业性的问题，不是我关注的焦点，我在此仅仅是通过这篇报道来考察这位专家对此事表态的言行。——当公众、社会、政府都期待一个结果或原因的时候，作为这个领域研究的权威学者，最初造出的是一个可以让各方都推卸责任的结论，其目的是"大事化小"。"我说你不要把这个问题扩大，扩大对你们没好处。"他的所有一流的专业知识不是指向揭示真相、面对真理，而居然是双方的具体利益，因此，他对社会公理乃至具体法律责任可以置若罔闻。事情的逆转，是在于其中一个当事方，在各种压力下，不能"大事化小"，而"必须承诺公开、透明、实事求是，不瞒报、不漏报失踪、伤亡人数"。

① [美]爱德华·W.萨义德：《知识分子论》，第67、69页。
② 2008年11月27日《南方周末》报道，题目是：《杭州地铁塌陷事故口水仗升级，各方推诿责任》。

而此时，专家的反应竟然是：对方不领情，"我现在是好心没好报"。——我不知道在这位专家的眼里，还是否存在着公正、客观，仅仅是需要自己的"好心""好报"？那么，这位专家为什么会有这样的"好心"，结果公众又曝光，原来他是其中利益方的技术"顾问"。

由此，我们就能看到萨义德所强调"专业态度"之可怕，如果缺乏对真理的敬畏和人文精神，科学家完全可以用他精湛的技艺颠倒黑白、愚弄民众、混淆视听。对于这种"专业态度"，萨义德给出的方法是用"业余性"来对抗，"而所谓的业余性就是，不为利益或奖赏所动，只是为了喜爱和不可抹杀的兴趣，而这些喜爱与兴趣在于更远大的景象，越过界线和障碍达成联系，拒绝被某个专长所束缚，不顾一个行业的限制而喜好众多的观念和价值"①。我不知道这是否就是有效的途径，一切需要回到实践中去检验。

现在，可以回到我的论题：从《漩涡里》看冯骥才在中国当代文化进程中的地位和意义。谈冯骥才的地位和意义，谈知识分子的精神退化史，谈近二十年间知识分子的世俗化和专业化干什么？这是冯骥才文化遗产保护的大背景，也是他的现实处境，更是他的参照图景。我们必须在这样的背景下看冯骥才，才能凸显出他的逆势而为的价值和意义。否则，孤立地谈论冯骥才，得出的要么是空洞的"伟大""了不起"和"不容易"，要么是具体的事件或成果的评估，而看不到冯骥才的所作所为对于当代中国知识分子的抽象的、普泛的启示和示范价值。而我认为，对于当代封闭

---

① [美]爱德华·W.萨义德：《知识分子论》，第67页。

在书斋和自我中的知识分子,冯骥才的这种价值和意义尤其值得关注,因此重温他这样的话,我们感受到的不应该仅仅是是激情:

> 在历史上用行动去完成自己思想的人大多是政治家。或许有人说,政治家可以使用手中的权力,文化人手中却只有一支笔。所以在常人眼中,文化人只能是发发议论和牢骚、大声呼吁乃至做个宣言而已。可是,晚年的托尔斯泰为什么要离开在亚斯细亚波利纳亚庄园极其舒适的生活,频繁而焦灼地介入社会事件,甚至去做灾民调查?他似乎连文学也放弃了。
>
> 思想是现实的渴望。它不是精神的奢侈品。它必需返回到现实中去。最好的实践者是思想者本人。特别是我们关于经济全球化中本土文化命运的思考,一直与本土文化载体的大量消失在同一时间里。我们等待谁去援救那些在田野中稍纵即逝、呻吟不已的珍贵的本土文明?
>
> 所以行动者一定是我们自己。这不是被动的行动。它是思想的一部分。①

四

对于知识分子而言,高谈阔论或许是他的胜业,魏晋人物的高远清谈,赢得美名无数。一面是这样的基因和传统,一面是手无缚鸡之力的书生自身局限,再加缺乏齐家治国平天下的社会空

---

① 冯骥才:《思想与行动》,《漩涡里》,第328页。

间,让"行动"本身在这个阶层的人身上成为稀缺品质。对此,知识分子也有过自我的调整和反思,常乃惪在论述中国思想史时,认为从魏晋到明,这一千多年中的中国思想界是空谈玄妙的时代。到明末清初,开始出现一个"理学的反动时期",其原因就是民族日益衰弱,人们却还在高谈心性,这种现状引起人们反思。"学者们天天在那里谈心说性,外患却一天一天地紧逼而来,结果一辱于辽,二辱于金,三辱于元,终于酿成蒙古人征服了全中国。明兴以后,还是不鉴前辙,高谈心性之风越发厉害了,又弄出一个更富有印度色彩的阳明之学来。尽管王守仁个人怎样的能文能武,不失为实际的人物,但这是他个人的天才所致,他的学说却只能造出许多高谈心性的空洞儒者来。因此张献忠、李自成等流寇之乱一起,滔滔天下的王学竟当不起这一试验。结果好人只好'愧无半策济时难,惟有一死报君恩',坏人却就转过脸来迎降大清的仁义之师了。这种结果确是令人极痛心的,尤其是身受其难的智识阶级们,他们不能不由此发生出极大的觉悟,使他们对于印度思想根本起了反对的感情,他们不能不努力地由这种一千年中织成的哲学的心性之网中挣扎出来,另外找寻他们的新路,这就是清初新学派勃兴的真正主要原因。"①

屠格涅夫曾经以堂·吉诃德和哈姆雷特的为例,来分析人的天性中根本对立的两种性格类型。他认为哈姆雷特"首先是好进行分析和具有利己主义,因而缺乏信仰。他整个人都是为自己而活的,他是一个利己主义者。……他是一个怀疑主义者,总是为自己忙忙碌碌,要求别人重视自己;他经常关心的不是自己的责任,而是自己的地位。哈姆雷特怀疑一切,当然也怀疑自己;他

---

① 常乃惪:《中国思想小史》,上海古籍出版社,2009,第100页。

的头脑过于发达,以至不能满足于他在自己身上发现的东西;他意识到自己的弱点,但是任何自我意识都是一种力量,由此而产生了他的冷嘲,这是堂·吉诃德的热情的对立物","而哈姆雷特们只关心自己,他们是孤独的,因此是一事无成的"。①而堂·吉诃德:"首先表明信仰,对某种永恒的、不可动摇的东西的信仰,对真理的信仰,一句话,对那种处于个人之外的真理的信仰。这种真理不大容易把握,要求为它服务和做出牺牲,但是只要为它服务时持之以恒并且做出大的牺牲,它也是可以掌握的。堂·吉诃德整个人充满着对理想的忠诚,为了理想,他准备经受各种艰难困苦,牺牲生命;他珍视自己的生命的程度,视其能否成为体现理想、在世界上确立真理和正义的手段而定。有人会说,这个理想是他精神失常后从骑士小说的幻想世界里汲取来的,我同意这种说法,堂·吉诃德的可笑的一面就在于此,但是理想本身仍然是完全纯洁的。为自己而生活,只关心自己——堂·吉诃德认为这是可耻的。他整个人,如果可以这样说的话,生活在自己之外,活着是为了别人,为了自己的兄弟,为了根除邪恶,为了反对敌视人类的力量——魔法师、巨人,即压迫者。他身上连一点儿利己主义的痕迹也没有,他不关心自己,他整个人都充满自我牺牲精神——请珍视这个词!他有信仰而且坚信不疑,义无反顾。……堂·吉诃德是一个热心人,一个效忠于思想的人,因此,他闪耀着思想的光辉。"②

屠格涅夫关于堂·吉诃德的论述,让我不由自主地想起冯骥

---

① [俄]屠格涅夫:《哈姆雷特与堂·吉诃德》,《屠格涅夫全集》第11卷,张捷译,河北教育出版社,2000,第2版,第183—184、189页。

② [俄]屠格涅夫:《哈姆雷特与堂·吉诃德》,《屠格涅夫全集》第11卷,第182—183页。

才,也许冯骥才本人也不断地想起这个伟大的文学形象吧。在保护天津老城感到力不从心的时候,他就想起过:"正月十五日(2月19日)上午十时半,准时签名。第一位排队者竟是凌晨五时到达。签名一个多小时五百套全部售罄。我签名时,头脑热烘烘,激情澎湃,签名后却一阵冰凉,内心寥落虚空,无所依傍。我们虽然为濒临灭绝的估衣街力挽了一些碧绿的枝叶,却无力保护住这株根深叶茂的巨树。就在这天,我听到来自估衣街的消息:北马路前进里的天津总商会——那个风姿绰约的五四运动的遗址,那个著名的学生领袖马骏为阻止商人开市而以头撞柱的地方,那个周恩来和邓颖超进行进步活动的地方——已经拆平!连五四遗址都敢废除,能有比这更大的势力吗?此时此刻,我忽觉得自己人孤力单,真的像那个与风车作战的堂·吉诃德了。"[1] 在非遗保护的工作中,他也有堂·吉诃德感:"国家非遗名录设立时,文化部聘请我去做专家委员会主任。这件事于我个人,还有一种很特殊的意义,便是'如释重负'。在抢救工程最初启动时,民协的计划过大。我曾信誓旦旦地说我们要将中华大地上的一切民间文化'盘清家底'和'一网打尽',但真的做起来,我发现这件事根本不可能做到。不仅它浩无际涯,遍及大地,庞大得难以想象,而且我们不名一文,又无公权力,一群书生,何以为之?那时我觉得我们堂·吉诃德在和巨大的风车打仗。"[2] 那种献身的热情,那种超越个人利益和得失的精神,那种别人都认为不可能、不可为甚至被当作傻子一样窃笑的时候,他们却挺身而出了,在不论怎么努力,似乎总是逃不出更大的失败……这些方面,冯

---

[1] 冯骥才:《漩涡里》,第105页。
[2] 冯骥才:《漩涡里》,第216页。

骥才算得上是当代的堂·吉诃德。

堂·吉诃德的了不起之处在于,哪怕势单力薄,他绝不坐在那里等天上掉下机会;哪怕遍体鳞伤,爬起来还要接着战斗。冯骥才的价值和意义,体现在思考和呼唤上,更体现在行动上,而在行动中,他鲜明地提出"文化自救",并身体力行地实践"文化自救"。我还是从普泛意义上看,这个"文化自救"可能是使当代中国知识分子摆脱各种困境的一种绝处逢生的途径,这也是冯骥才第二个值得我们注意的价值和意义。

2005年的一个会议上,冯骥才讲道:"去年十月份,我们提出了一个概念——民间自救,就是以民间的文化责任和情怀,以民间的力量来帮助自己的文化。这两年来,包括我在去年十一月份成立民间文化基金会,都是出于这样一个理念。现在这种局面正在逐步打开。我们的援助者来自四面八方,就出版社而言,包括中华书局在内很多很多的出版社,几乎包了我们目前想出的很多种书,包括民间故事全书。我觉得这是很难有人承担的,因为我们最终想出的县卷本是两千八百卷,加起来八亿字,那得需要多大的一个费用。我觉得我们越往下走越是全球化时代来得剧烈、来得彻底的时候,但反过来讲,我们那种文化自卫的民族精神反而更要加强。我们的支持者和关心我们的人,也一定会越来越多,道路也一定会越来越宽广。所以不仅是出版社支持,还有各式各样的企事业单位、国内外的一些基金会、学校、大学生,这种支持者、志愿者也是越来越多。"① 在这里,他谈到的"民间自救",是唤醒民众的文化自觉,自觉地参与到民间文化的保护中去。在

---

① 冯骥才:《高擎不灭的火炬》,《冯骥才》文化保护思想卷,青岛出版社,2016,第266页。

《漩涡里》里,他又使用了一个概念"文化自救",这是针对知识分子自身而言的,其理念与"民间自救"一脉相通,但是对于知识分子,它另有特别的意义。长期以来,知识分子的很多文化行为都是在国家、单位等组织和主导下进行的,这无形中也形成知识分子的某种文化惰性,一件事情的推行,一是靠,靠国家、组织来提供资源;二是等,等国家、组织来发动、主持;三是躲,天下事干我何事?这当然也就是前面说的知识分子的人格萎缩和价值缺席的直接结果。萨义德曾经批评:"在我看来最该指责的就是知识分子的逃避;所谓逃避就是转离明知是正确的、困难的、有原则的立场,而决定不予采取。不愿意显得太过政治化;害怕看来具有争议性;需要老板或权威人物的允许;想要保有平衡、客观、温和的美誉;希望能被请教、咨询,成为有声望的委员会的一员,以留在负责可靠的主流之内;希望有朝一日能获颁荣誉学位、大奖,甚至担任驻外大使。"他认为:"对知识分子而言,腐化的心态莫此为甚。如果有任何事能使人失去本性、中立化,终至戕害热情的知识分子的生命,那就是把这些习惯内化(internalization)。"[①] 习惯内化,就是麻木、适应,甚至陶醉。我认为,冯骥才提出的"文化自救",是在勇于承担的前提下,对于这些知识分子流行病的疗救,也是知识分子自我救赎、有所作为的良方。

"文化自救"是知识分子凭借个人的专业知识、社会影响力和具体事务的操作力,对社会和民众的呼唤,是开发自身资源、组合社会资源、吸引同道实现自己的理想和信念的一种重要的方

[①] [美]爱德华·W.萨义德:《知识分子论》,第84—85页。

式。犹如《国际歌》所唱的:"从来就没有什么救世主/也不靠神仙皇帝/要创造人类的幸福/全靠我们自己。"知识分子要保持自己的独立、尊严,并且要实现自己的抱负,不能总是以依附的方式或假人之手来完成,还可以通过自己的专业特长和劳动来实现。

对于文化人通过自己的力量实现自救,冯骥才在关于敦煌的写作中得到了深深的认识,并把这些前辈们视为自己的榜样。在这本书中,他是这样描述和赞赏前贤们的:"这第一批公认的敦煌遗书研究的开山与发轫之作,更巨大和更广泛的作用,是唤醒国人的文化意识,警醒当世,自珍文化。""这一来,立即得到那些素来具有强烈社会责任心的知识界的热切呼应,几乎当时较知名的知识分子全投入进来。很短的时间里,对敦煌遗书的收集、校勘、刊布、研究,全方位展开。每部新著面世,都是一时注目中心。各种学科的专题研究一下子并起与并立,这反映了我国知识界人才济济、实力雄厚和学术的敏感。""一种追寻流失、挽回财富的责任,就促使后来不少学者相继远涉重洋,到欧洲去寻找昨日失却了的中华宝藏巴黎风光(巴黎法国国家图书馆)。1934年以后,学者向达、王重民、于道泉、王庆菽等人背负使命奔赴巴黎与伦敦去查寻遗失的国宝。姜亮夫则是自费赴欧,倾尽个人家财。中国知识分子珍爱中华文化的精神以及赤诚的行动,至今仍然打动着我们!"① 他还以浓墨重彩写了一辈子守护敦煌的常书鸿……他认为:"敦煌的'发现史',是中国知识分子首次集体和自觉的文化抢救行动。在这一行动中,所表现的文化良

---

① 冯骥才:《人类的敦煌》,阳光出版社,2015,第217、217-218、219页。

知与文化责任，直接影响着我20世纪最后几年城市文化保护与21世纪以来民间文化抢救的举动。我承认，我自觉地接受了那一代中国知识分子的文化精神与情怀。"① 他从前辈那里在汲取精神力量，而"文化自救"除了一种有形的社会资源外，还有一种无形的精神资源，它来源知识分子自身和自身的精神传统。这么多年来，冯骥才卖画，创办基金会，呼吁国家层面的参与等等，支撑他的是什么呢？归根结底是一种精神，正如他在书中所写的："我为精神而工作，我靠精神而活着。我相信精神的力量还得从自己身上汲取。"② 这是"自救"之本。

在这一点上，我们也应当看到，在过去的一百年中，总有一批优秀知识分子在与外部环境不断抗争，不论结果怎样，他们产生的精神积淀应当成为后世知识分子的精神资源。比如鲁迅那一代知识分子，在专业上都是学识渊博、身怀绝技的大师，但是，我们也应当看到他们的行动力、执行力之强。尽管社会环境极度恶劣，尤其是社会动荡使他们很难获得长时段的安稳生活从事文化建设，然而，我们同样能够看到，他们中很多人屡屡通过"自救"创造自己的文化生存空间，让自己的精神命脉得以延续。以鲁迅为例，当社会资源向他关闭的时候，总是在谋求自救之路。从早年与同人们办语丝社，到后来的朝华社、译文社，出版《语丝》《朝花》《莽原》《译文》等刊物，乃至以"三闲书屋"的名义自费印刷很多图书，他的"出版社"不仅出版那些不为检查老爷所容的书，还印制了不少因为市场原因不愿意为出版社所接受的画册等艺术书，这都是被检查、被围剿、被封锁之后，在无路可

---

① 冯骥才：《人类的敦煌》，第11页。
② 冯骥才：《漩涡里》，第213页。

走的时候自寻生路的表现。还有另外的例子，1937年"八一三"抗战爆发，上海处在危急之中，在那样的时刻里，上海的文化人能够迅速团结起来，编辑、出版《呐喊》（后改名《烽火》）周刊，除参与编辑者之外，其他写稿的作家也不收稿酬，在烽火连天的岁月里，能够看出这批文人们的意志、行动力。对此，茅盾的回忆录中有记载："谈到出版刊物，有人主张加强目前的几个大型刊物，如《文学》《中流》《译文》等。胡愈之说，只要上海战争一起，这些刊物恐怕都要停办，'一二八'时就有过这样的经验。我们要预先想好应急的代替办法。韬奋说，这种大型刊物恐怕适应不了目前这非常时期，需要另外办一些能及时反映这沸腾时代的小型报刊，如日报、周刊、三日刊等。"①当年8月14日聚会，他们即正式启动刊物的创办：

> 谈到出版刊物，多数人主张不管《文学》、《中流》等大型刊物停不停刊，我们都要马上办起一个适应战时需要，能迅速传布出作家们呐喊声的小型刊物来，而且认为应该由我来担任刊物的主编。
>
> 战友们的信任和期待，使我义不容辞，当天下午我约了冯雪峰去找巴金。巴金完全赞成办这样一个刊物，他说，文化生活出版社已决定《文丛》停刊，听说上海杂志公司的《中流》《译文》也已决定停刊，现在可能出现这样一种反常的现象：抗战开始了，但文艺阵地上却反而出现一片空白！这种情形无论如何不能让它出

---

① 茅盾：《我走过的道路》，《茅盾全集》第35卷，人民文学出版社，1997，第135页。

现,否则我们这些人一定会被后人唾骂的!不过当前书店都忙着搬家,清点物资,收缩业务,顾不上出版新书和新刊物,所以新刊物只有我们自己集资来办。好在一份小型周刊所费不多,出版了第一期,销路估计一定会好,这就可以接着出下去。雪峰道:这是个好办法,何不就用《文学》《中流》《文丛》《译文》这四个刊物同人的名义办起来,资金也由这四个刊物的同人自筹?我说:就这么办,还可以加一条:写稿尽义务,不付稿酬。我们又研究了刊物的名称,初步确定叫《呐喊》,发刊词由我来写。又议定分头去找四个刊物的主编——王统照、黎烈文、靳以、黄源,征求他们的意见。

当天晚上我就到隔壁二号黎烈文家中谈了这件事。第二天我又在文学社找到了王统照。剑三正在清点《文学》的存稿,准备移交给傅东华。原来傅东华听说《文学》要停刊,对生活书店大为不满,决定自己来续办《文学》,要王统照把存稿转给他。王统照和黎烈文都赞成由四个杂志社的同人集资出版《呐喊》周报的计划,于是我提议:

创刊号上《文学》等四个刊物的主编要各写一篇文章。[①]

就这样,在隆隆的炮声中,8月25日,《呐喊》创刊号就出版了,这个刊物由茅盾、巴金先后主编,一直坚持到1938年10月广州沦陷的时候,共出版二十期。这也是非常有典型意

---

① 茅盾:《我走过的道路》,《茅盾全集》第35卷,第137—138页。

义的知识分子的文化自救，没有任何部门或民众要求他们这么做，那个时刻，他们卷铺盖卷走人，没有任何人会责怪他们的。然而，他们却自动、自发、自主地加入到文化救亡的行列里来。没有人给他们经费，他们自己想办法解决；他们在炮火下做这些，能够获得什么"利益"吗？完全没有。然而，作为知识分子，只要做一些超越个人利益之上的事情，才对得起"知识分子"这个称号。我想，冯骥才的事业与此相同，某种意义上，他用自己的行动，接通了五四前辈们的血脉，让中国最优秀的知识分子的精神传统继往开来，得以发扬至今。

五

"对权势说真话"，可能是萨义德《知识分子论》中最著名的观点，"说真话"、保持独立性，也是定义知识分子最基本的要素。20世纪90年代以来，中国知识分子更是奉陈寅恪的"独立之精神，自由之思想"为金科玉律。如果知识分子是远离庙堂和江湖的"隐士"，说"独立"好像还容易一些。可是，当代知识分子都是社会中的角色，都是相应的"关系人"，特别是要做"行动的知识分子"，不可避免地要同形形色色的人物打交道，这个时候谈"独立"会不会是天方夜谭呢？反面的例子可以举出一大堆，正面的例子呢，哪怕只能举出一个，也是给了更大的知识分子以希望。

冯骥才的价值和意义，第三个值得重视和研究的是，他并不拒绝与各种政府部门打交道，但是又不失自己的知识分子独立性。——我的理解，这不是技巧、艺术、智慧的事情，而凭借的是知识分子的专业精神、真诚胸怀和独立自尊所获得的应有结果，这也是自身对于底线的坚守的结果。

冯骥才自始至终都没有拒绝与政府部门合作，反而呼吁"以健康的心态跟政府打交道"，他说："我要做的事，必须与政府——我更喜欢说'官员们'打交道，比如现在做的民间文化抢救工程，没有国家和地方政府的支持绝对不成。在打交道而观点相左时，必须坚持己见，坚持知识分子的独立立场，如果不这样，知识分子的作用就没有了。知识分子的价值是它的批评性，如果知识分子无原则地随声附和，就没有存在的必要。官员中也有知识人，但由于他官员的职务在身，就不是严格意义的知识分子了。"① 他充分认识到现代社会体制中国家的力量，以积极的心态去影响国家的政策，如果在这个过程中，能够实现自己的理想，岂不是两全其美吗？与此同时，冯骥才特别强调知识分子的独立立场。

打交道，不是趋炎附势，"只有你的立场坚定不移，人家才会尊重你的意见"②。立场和信念，是保持独立的屏障，也是知识分子区别于其他人的标志。萨义德认为："知识分子是以代表艺术（the art of representing）为业的个人，不管那是演说、写作、教学或上电视。而那个行业之重要在于那是大众认可的，而且涉及奉献与冒险，勇敢与易遭攻击。我在阅读萨特或罗素的作品时，他们特殊的、个人的声音和风范给我留下的印象远超过他们的论点，因为他们为自己的信念而发言。"③

有了这些护持，不必畏惧，不用躲避，冯骥才充分利用各种

---

① 冯骥才：《忧思与行动——冯骥才、周立民对谈录》，漓江出版社，2015，第71页。
② 冯骥才：《忧思与行动——冯骥才、周立民对谈录》，第73页。
③ [美]爱德华·W.萨义德：《知识分子论》，第17—18页。

渠道，跟具体部门合作，如利用全国政协的"讲坛"呼吁、提案，利用新闻媒体发声。事实上，在对于近些年国家文化政策的影响上，冯骥才是起到过相当作用的，他的一些理念逐步为政府所接受并在实施中。这些都是一个现代知识分子参与社会运作得很好的案例，也为当代知识分子的精神添上了务实的一笔。

在实际生活中，这些年，他不乏与政府部门合作的例子，他认为民间文化保护工作得到政府的强力推动才有今天的声势和结果。在他的设计中，知识分子的文化自觉，到国家层面的自觉，乃至全民的文化自觉，构成一个完整的一体。"我对文化自觉的理解是，首先是知识分子的自觉，即知识分子应当任何时候都站守文化的前沿，保持先觉，主动承担；还有国家的文化自觉，国家也要有文化的使命感，还要有清晰的时代性的文化方略，只有国家在文化上自觉，社会文明才有保障。当然，关键的还要靠政府执行层面的自觉，只有政府执行层面真正认识到文化的社会意义、文化是精神事业而非经济手段，并按照文化的规律去做文化的事，国家的文化自觉才能真正得以实施与实现。上述各方面的文化自觉最终所要达到的是整个社会与全民的文化自觉。只有全民在文化上自觉，社会文明才能逐步提高，当代社会文明才能放出光彩。"[①] 从这些方面可以看出，他是一个高调的理想主义者，也是一个务实的行动知识分子，两者结合一身，弥足珍贵。

清高、洁身自好是很多知识分子的特点，这个特点发展到另外一端，就是凡事眼不见为净。很多知识分子除了为个人的名利之外，绝不承担任何社会义务，更不愿意去蹚各种"浑水"，这

[①] 冯骥才：《文化怎么自觉》，《冯骥才》文化保护思想卷，第185页。

样的"清高"之结果,就是知识分子放弃了更多实践,进一步地退缩,也失去社会发言的权利,也可以说,这样的人就是精致的利己主义者的一种。冯骥才好像不躲避这些"浑水",为了文化保护的事情,一遍遍蹚过。说实话,他未必就是欢喜做这样的事情,清风明月、吟诗弄画谁不知道是高雅,而为了某件事情奔走,劳体又劳心,谁又不知道心烦。然而,责任感、使命感、知识分子的韧性,更值得倡扬。这一点,是知识分子置身社会期望有所作为的关键。早在20世纪20年代,鲁迅就说过:"世间有一种无赖精神,那要义就是韧性。听说拳匪乱后,天津的青皮,就是所谓无赖者很跋扈,譬如给人搬一件行李,他就要两元,对他说这行李小,他说要两元,对他说道路近,他说要两元,对他说不要搬了,他说也仍然要两元。青皮固然是不足为法的,而那韧性却大可以佩服。"鲁迅也曾感慨:"可惜中国太难改变了,即使搬动一张桌子,改装一个火炉,几乎也要血;而且即使有了血,也未必一定能搬动,能改装。不是很大的鞭子打在背上,中国自己是不肯动弹的。"[①] 唯其如此难,才更需要韧性。

搬动一张桌子,尚且不易,在过去的二十年里,冯骥才可是把中国民间文化的家底儿翻腾了一遍啊,这真是谈何容易!其中甘苦,又有谁知?这是一个"情怀"稀缺却又把它讲得更为稀薄的时代,然而,读《漩涡里》最后一段,我还是禁不住为冯骥才的情怀感动而眼眶一热:

> 我前边几次谈到自己"作家的情怀",其实真正的

[①] 鲁迅:《娜拉走后怎样》,载《鲁迅全集》第1卷,人民文学出版社,1981,第162、164页。

学者也是拥有情怀的。什么是情怀呢？我忽然联想起一次在清华大学，与建筑系的教授们研究古村落的调查时，我们都感到困难重重，势单力薄，求援无助，发言中不免都带着忧虑。坐在身边、年过八十的陈志远教授在一小块纸上写了两行字悄悄给我。我一看，竟是艾青的诗《我爱这土地》中的两句："为什么我的眼里常含泪水？因为我对这片土地爱得深沉……"这两句我早知道的诗，那一瞬间却那么强烈又深刻地感动着我，叫我感到浑身震颤。我感到浑身发烫又浑身冰冷。

谁理解我们？不需要了。只要我们理解我们自己。①

在以上的分析中，冯骥才的逆势而为，让我们看到了知识分子的使命感；文化自救，看到了知识分子的自我承担；而独立性的保持，又让我们看到知识分子的血脉长存。由这些侧面所构成的冯骥才的价值和意义，从而再来估量他在当代中国文化进程中的地位，我可以说：他是一个继往开来的先觉者，是自觉地实践知识分子精神的行动家，是站在前沿的中国当代分子最优秀的代表。我当然不能说，这样的人只有冯骥才一个，我更希望大家都跟上来，让这样的人不要太孤单。

2019 年 5 月 5 日凌晨急就

---

① 冯骥才：《漩涡里》，第 316—318 页。

下编

寻找彼岸——冯骥才论稿

大地的野花

——漫记冯骥才

每一次到天津,都是奔冯骥才去的,这是我唯一的事情,以致迄今为止,对于天津的东南西北我都分不清。他成为这座城市的文化符号,甚至掩盖了城市的光芒。这不是夸张的说法,如果你走进天津大学冯骥才文学艺术研究院,你更会惊叹,惊叹你走进了一座艺术迷宫,一切都让你眼花缭乱、惊叹不已。

5月20日下午,我又一次走进这座安静的方形大院。这座建筑主体凌水而建,极具现代感;安静的院落里还矗立着一座来自陕西黄河边的明代门楼,历史与现实在此自然对话和碰撞。"挚爱真善美,关切天地人。"冯骥才的十个大字,道出了建院宗旨。它集教学、科研和展示功能为一体,北洋书院、北洋美术馆、大树画馆和跳龙门乡土艺术馆如明珠般镶嵌在这座大楼中。记得刚落成时,冯骥才在电话中兴奋地说,快来看看吧,我们的大楼太漂亮了!漂亮的大楼?在中国大学里并不稀奇,依我对冯骥才的了解,他不会重复别人的路,更不会建座大楼就扬扬得意,这里一定有与众不同的东西。果然,2006年春天,意大利绘画巨匠原作展在这里开展，包括达·芬奇、米开朗琪罗、拉斐尔、提香、丢勒等大师的49件原作莅临，此展被称为"意大利文艺复兴原作第一次走进中国大学"。照片中，我看到校园中长长的参观队伍，那渴望的眼神，惊叹的神情，令我久久难忘。这是我熟悉的"大冯"，他不仅身材高大，而且常常有出手不凡的大手笔。后来读到他一段文字，更让我明了他的意图："中国的大学规模日益扩大，一座座新教学楼次第耸立，但到底有多少大学拥有美术馆、博物馆呢？到底有多少大学关注过艺术经典的展出与推广？""大学难道不应该把校园的空间、时间，更多地留给高雅文化、传统文化的推广与展示吗？让大学生在陶醉于流行文化的同时，也能有机会不出校门而接近经典，在潜移默化中兴趣更为广泛，情感更为丰富。"这就是冯骥才，他总是不满足，总有不断的诘问，也总有一连串的梦想。

然而，他更是一个行动者。这一点，在他20世纪末组织的一批艺术家为留存天津老城的文化记忆而做的一切中已经显露出来，后来的中国民间文化遗产抢救工程中他更是大展身手。而珍藏在冯骥才文学艺术研究院这座大楼中一切，都是他行动的微缩版记录和注脚。第一次走进这座大楼，我就有惊艳和震撼感，尤其是跳龙门乡土艺术馆，那些色彩饱满的年画，热情似火的剪纸，幽蓝深沉的蓝印花布，几乎能闻到墨香和书卷气的木活字……走进这里如同走进了苍茫的民间大地和一代代人红火火的日子里。它们本来就是与我们朝夕相对、岁岁共处的，在现代化的进程中，却被我们遗弃了，冷落了，然而冯骥才拂去了岁月之尘，让它们闪亮地跳跃在我们面前。我惊叹于它们的美，这种美不是羞涩的美，而是活泼、大胆、撞击你眼神的美，它们以喷薄欲出的生命力涤荡着当代艺术那种萎靡，为我们贯注了一种历久弥新的精神。在每一件展品面前，我想到的不是抢救、保护，而是它们的新生，因为这种民间艺术所传达出来的，不是远去的生活，而是完全可以与当代构成对话的鲜活精神，当代人总有一天会发现：遗忘、冷落了它们，是多么近视甚至有眼无珠的一桩罪过。民间文化是一种植根于生活中的活态文化，传承才是最有生命力的保护，让那些老手艺承传下去，甚至复现在当代人的生活里，也是冯骥才至为关心的事情。一次，在冯骥才文学艺术研究院中开会，我饶有兴趣地看到，这里的女研究生表演织布，那次开会用的文件袋就是她们织出的；他还请滑县木版年画传承人演示年画制作的工艺流程；在播文堂中，技工当场还用木版活字给与会者刷出冯骥才的一首题为《问道人文》的诗："衣食丰足日，心魂放浪时。人文何所问，坛中问高师。"见识古老的印刷术，手捧着墨迹未干的诗笺，久远的艺术突然与我们离得很近，彼此又觉得很亲切。穿梭在人群中或被人们所包围的冯骥才，这时总是兴奋地向大家讲这个东西、那件藏品，兴奋之情溢于言表。他像一个孩子，朋友来到家里，恨不得将所有好东西都搬到你的面前，让你与他分享那份欢乐。

这一次见到冯骥才，他先让助手吴倩倩带我去看新建成的雕塑馆。我看到那些来自古代西域的佛像，神态各异，神气毕现，莫不令人惊叹能工巧匠的鬼斧神工。冯骥才总能以他敏锐的眼光发现那些在以往研究视野之外的存在，比如一尊佛像两旁的带着翅膀的小天使，美丽可爱，是中西文化交流的历史实证。细微处，我总能感到冯骥才的想象力和人文情怀，他总是在冰冷的历史中发现动人的美，在远去的岁月中捕捉温暖的记忆。我问吴倩倩这些展厅都是谁来创意和布置的，她回答：冯老师，每一个细节他都要过问的。我蓦然想起见过两页他的手稿，是当年意大利画展时挂件的设计图，形状、样式、高度、厚度，样样都精确地标注，甚至到具体的尺寸，还有注意事项，上面还写着："如不明白，就打电话给我。"有一次来，我好像在吴倩倩的手中，还看到冯骥才画的挂画的示意图，从位置到角度，甚至挂钩的样子都示意出来，并叮嘱再三。这个时候，你会感觉到行动者冯骥才，不是喊喊口号，而是身体力行到每一个细节；他追求完美才有了冯骥才文学艺术研究院每一个角落都耐人品味，都让人感觉到一种文化的高雅、精致又朴素、大气。正说着，电话响起，冯骥才问我们在哪里，他忍不住自己要下来，向我介绍这些宝贝。他也不忘将一些细节指示给我：灯光，打在展品什么部位很重要。说明标签，放在什么位置，既要让参观者看到，又不干扰展品展示……

细节的关注，也能看出冯骥才对每一件文化珍存的珍惜和热爱，正是这份热爱和知识分子的责任驱使他这些年来不断奔走在中国的民间大地上。我经常从新闻中捕捉他风尘仆仆的身影，保护古村落，挽救地震破坏的羌族民间文化，寻访年画的产地，推广节日和民俗文化，前不久又看到了被称为"民间年画史记"的24卷本《中国木版年画集成》完成的消息，这是有史以来第一次对中国民间年画广泛的普查……我想郑重地建议冯骥才身边的助手和学生，在追随他寻访和抢救民间文化的同时，一定要完整地记录下冯骥才在其中的行动细节，它们将是当代知识分子史中最有示范意义的一章。想一想，我们看到的那些珍存，都是怎样从民间的汪洋大海中打捞上来，怎样从铲车和烈火中抢救出来的，冯骥才和他的团队的辛苦外人可曾知晓？当某些知识分子为争名夺利奋战不已，为一点点儿物质利益而斤斤计较时候，冯骥才一拨人在哪里？这个时候，冯骥才的行动早已不是个人行为，它是知识分子的一个标杆，也是一个有力的发光体，它照亮了大家的路。冯骥才曾在《民间灵气》（作家出版社，2005年5月版）、《乡土精神》（作家出版社，2010年9月版）、《灵魂不能下跪》（宁夏人民出版社，2007年5月版）等书中记述过部分民间文化抢救的案例和言行，谈到其中的甘苦，滑县年画的发现就颇有代表性，他说是"苦乐交加"，"这'苦'，就是一次狂风疾雨中的文化探访；这'乐'便是全然意外、无比精彩的文化发现。"① 在"苦"、"乐"之外，我觉得冯骥才还有"忧"和"思"。在他的文章中、言谈里，不时所见的是心急如焚的忧，为即将消失的民间文化而忧，为国民的文化意识淡薄而忧，为所谓的文化产业化忧……在一本他送我的书中，卷首就是触目惊心的照片：历经七百年的天津商业街遭受厄运，即将坍塌的苗疆古长城烽火台，危在旦夕的怀来县鸡鸣驿，杨家埠仅存的年画艺人，已被拆除的杨柳青年画老字号，他曾经感叹："近二十年来，倒是古董贩子和外国人比我们更具文化意识，在他们不懈努力的'淘宝'行动中，这个古画乡有被淘空之虞。"② 跟"忧"紧密相关的就是"思"，思考全球化背景下民间文化的价值，思考商品化的时代中民间文化的抢救、保护，思考如何让世人认识到它们的价值，乃至知识分子的责任和义务。把这些完美升华的是他的行动，行动将很多思考付诸现实，让很多梦想不再遥远。所以，他说："我们的理想是将每一项遗产都经过这样严格的学术性整理，并归结为档。这样，先人之创造就不再濒危，也不缥缈。我们常说的中华文明的博大深厚，便不再抽象，便会

---

① 冯骥才：《年画的发现》，《乡土精神》，作家出版社，2010，第1页。
② 同①，第20页。

真正地言之有物。绵延数千年的根脉则可以永世不绝地在大地上发芽、成木并开放出耀眼的花。"① 这是一份十分有气魄的承诺，面对着残缺不全的混杂文化图景，面对着消失的美丽风景，他也不禁质问："可是我们的学者们在哪儿呢？是更喜欢在书斋中坐而论道，还是害怕辛苦或无力为之？"② 这一声问得好！当代知识分子不能就这么犬儒下去，不能总满足于躲在螺蛳壳里高谈阔论，他总得有脊梁，总得承担一点儿什么。这种承担是超越个人利益和得失的奉献，是为了一个形而上精神的爱与付出。

　　读冯骥才的书，我深深体会到他才是真正按在民间的脉搏上，他不是在想象民间，而是在用脚丈量、用心热爱、用文字和一切办法珍藏。他传达出了真正的民间精神，却又不是矫情地以某种民间者而自居，他的骨子里还是知识分子，他是以知识分子的眼光去梳理、发现和提升民间。这次离开天津，我还给《人民文学》的主编李敬泽发短信，大意是：你们不是提倡"非虚构"还有作家行动写作吗？冯骥才早就这么做了，他的稿纸早就摊到了中国的民间大地上了！他不是为了"体验生活"，而是以一种使命感走出去，每一次又都是为爱而出发。好像是"非典"那年，一次通电话，他说那些日子常常深夜才睡，画画儿画到手指都僵了。为什么？民间文化抢救工程缺资金，他只好卖画换钱。我听后长久无语，正是在这一点上，我"敬"冯骥才。说实话，我早已过了追星的年龄，这些年真的假的大的小的"文化大师"也见过一些，十之八九不过自私自利、言行不一之徒，他们也会有学院，但不过是自己的"行宫"，像冯骥才这样为民族文化不辞劳苦、呕心

---

① 冯骥才：《年画的发现》，《乡土精神》第32页。
② 同①，第42页。

沥血者实在凤毛麟角。我不大喜欢见了名人就写点儿什么印象记，这一次破例答应朋友的要求，实在是想借机表达我心中的一份敬意，也让更多人知道在这个时代，还有这样一个、一批人，他们在为精神而活着而奔波，这也是当代知识分子前行的一个路径。

每一次来这个学院、与冯骥才交谈，我都像受过一次精神洗礼。他事情很多，但每一次都会给我一点儿躲到他四楼书房交谈的机会。常常我们坐下来，连客套话都来不及说，他就滔滔不绝地讲起来了。虽是未必有主题的自由交谈，但不外乎他对当下文化问题的思考，由具体的事情到抽象的思考，比如谈当下知识分子世俗化问题，谈对教育的看法，当然也谈民间文化在当前的处境。在这种交谈中，我感受到的是他不倦的热情、剖心的真诚、思路的活跃、视野的开阔。这一次，他跟我说，要写两部书，都是关于一代知识分子生命历程的。（书名还是替他保密吧！）其中一部的主人公，经历了人间想象不到的苦难，但表达出来的都是最美好的东西。这不是虚构，而是实有其人，更重要的是，他们这一代人打掉牙也要咽在肚子里，转过身给我们的仍是灿烂的笑容，这也是一种品质。

谈到写作，可能会有人问：作家冯骥才哪里去了？这个时候，我也会反问：难道只有写小说才叫写作，你对写作的理解就是这么肤浅吗？冯骥才始终没有放下他的笔啊，我甚至觉得，中国民间文化有这样一位作家、艺术家来参与保护、研究真是一件幸事，为什么？文化不是僵死的理论所能框定的，它需要发现、对话、感觉和碰撞，看看冯骥才写下的考察记，你就知道，他不是把这些民间文化的形态当作孤立的研究对象，而是作为发现者、热爱者和参与者进入的，只有这样才会感染我们、唤起大家共同的热爱,这是作家和艺术家的思维,对了,美的发现者、传承者和思考者,这不正是当今学术界所缺少的,也正是作家冯骥才的写作生命的扩大吗?

每一次来学院,冯骥才都会让人带我去大树画馆,冰心老人所题的馆名如同苍劲的老树横在上头,这是一方清静的空间,四壁是冯骥才的画,中间是他的书,这里更像是他的一个私人空间,有他的历史与现在。有一次,冯骥才指着一幅他年轻时代临摹的《清明上河图》说:现在画不出来了,手和眼睛都不行了。我很喜欢这高高的安静的大厅,在每一幅画前走过,不仅是美的享受,而且似乎窥探到冯骥才敞开的心扉。冯骥才曾经说过:"艺术是艺术家心灵天空的闪电,绘画是文学的梦。文人的山水是用最自然的形态表达最人为的内涵,人为了看见自己的内心才画画,艺术是用美将瞬间化为永恒。"[①] 他的画中,的确表达了文字和言行中所没有情绪,那种"温情的迷茫",那种"思绪的层次",那"清爽的秋风",那"悠长的钟声",是他心绪更直接的表达。他的画有壮观的大场面和惊人的波澜,更有一种迷茫、忧郁,我甚至猜想这是冯骥才情绪的出口,那些无法在文字中倾诉的哀乐全部藏到了画中,包括哀伤、忧郁、无奈与叹息。翻动新出版的《冯骥才画集》(中华书局,2010年11月版),浏览近二十年来他的心路历程,我似乎在感知另外一个冯骥才,说不清楚是什么,但心被触动,这次不是那个高大的身躯、热情的言语和平时出现在人们面前的冯骥才。我想起他写过的一段话:"我的对手无比强大,以至常常感觉自己如螳臂挡车,脆弱无力,束手无策。我

---

① 冯骥才:《灵性》,《冯骥才画集》辑封页,中化书局,2010。

是不是逆社会的潮流而动？但我坚信自己的思想不谬并一定会被明天认可，决不会放弃现在的所作所为，并把'坚守'二字视作自己心灵的重心。"① 然而，当今时代"坚守"谈何容易？因为总有累累硕果，我们看到的似乎总是那个呼风唤雨、无所不能的冯骥才，而几乎看不到他的无能为力、力不从心，甚至孤独伤心，我相信这个时候是有的，不可能没有。在大树画馆，我看到过他画的一幅《大地的野花》，那是花草凌乱又张扬的大地，色彩极其丰富，黄、绿、黑、红，每一种色彩都有不同的层次，我看到了柔情，也看到了一种压抑不住的生命力，远远地它就吸引了我。仿佛，这就是冯骥才为之付出了无数心血的民间文化，仿佛它也呈现了冯骥才内心中斑驳的色彩。

这次，他对我说："这十年，我是彻底把文化看透了，现在已经进入绝望的地步了。"我笑着问：不再做一个理想主义者了？他坚定地回答："当然是理想主义者，不然就用不着绝望了。"——矛盾吗？也不矛盾。

走到院子，要告别的时候，我说：我们照张相吧。他选了个背景，指着墙上的青藤说，看，已经长满大半边了。是的，过几年，学院的墙壁会完全被这充满生机的青藤覆盖。拍照时，背后的湖面上突然来了群金鱼，火红的活跃的一群，顷刻间它们聚成一体，如同一个倒写的巨大的逗号，太美了，我赶紧对冯骥才说："快，我给你拍一个，拍一个！"

2011 年 5 月 29 日晚于竹笑居

---

① 冯骥才：《折下生命之树的一枝》，《乡土精神》，第 8 页。

冯骥才的"神圣使命"

一

面前有一份《〈中国木版年画集成〉编辑实施方案》，分编辑特色、规模与体例、编辑内容和出版计划四大部分，有纲有目，事无巨细。如在设计上，统一色调、格式、标志，字号、字体都被强调；图片编排、文字说明都有规范，图片需要的类别和张数很具体，文字涉及哪些要点也有提示；"外套盒套与护封均用不同质感的特种纸；内页用120克左右进口蒙肯纸。"……这是一份枯燥的工作方案，执笔者要对这个工作了然于心，又得有清楚的谋划和细致的布置才能写得出来。虽然没有署名，但是看到这份细心、耐心，直觉告诉我，它出自冯骥才之手。在他即将发表的自传《漩涡里——1990—2013我的文化遗产保护史》"做行动的知识分子"一节里，他果然说道："我还执笔专门写了一份年画集成的《编撰提纲》，强调这一次不是艺术普查，而是文化普查。"是的，写《神鞭》《三寸金莲》的冯骥才，他的小说集《俗世奇人》刚刚获得第七届鲁迅文学奖。

冯骥才是新时期文学以来当代文学最重要的作家之一，写出那么多锦绣文章的笔会写这些"实施方案"？用作家创作的眼光看，这些文字毫无价值。然而，这些年为了文化遗产保护工作，这类方案、提案不知道他写了多少，那些热爱他的读者一定会惋惜：不写小说，这值得吗？

对此，冯骥才说："我一接到电话，听到某某地方的什么文化遗产遭受破坏，即将消失，我还怎么能坐得住？不是没有写作冲动，而是要压制。"在《漩涡里》里他曾描述：在为文化遗产保护奔波的这些年，他经常是坐在车里想着小说的情节、人物，正当他为某一个细节而兴奋不已的时候，司机提醒："冯老师，咱们快到了啊！"他只有赶紧从这个虚构的世界中回到纷繁的现实中来。

民间文化保护有勾魂摄魄的魅力，让他把创作放在一边？我想，这不仅仅是吸引，还是使命、责任，他不得不放弃那个"小我"去做更大的事情，这个事情，毫不夸张，是在为国家、民族的文化遗产和前途而忧而叹而思而行。他曾经做过一个演讲，题目是"不能拒绝的神圣使命"，这就是他的"神圣使命"；"不能拒绝"又表明这个"十字架"是他自己背上去的。

2018年1月13日，冯骥才与九十高龄的乌丙安共同获得"中国文联终身成就民间文艺家"称号。中国民间文艺家协会现任主席潘鲁生在颁奖致辞时说：

> 中华民族的伟大复兴需要文化的先觉者。他们总是先人一步地关注文化发展、洞见文化规律，以最深沉的情怀、最坚定的行动、最执着的使命投身文化实践，唤

醒世人对民间文化的关切,呼吁全社会对民间文艺的保护,使传统村落、民间节日、民间文学、民间艺术绽放永恒的光彩。他们在社会变迁中力挽狂澜,留住了我们民间文化的根脉。他们有俯首甘为孺子牛的奉献精神,把心血奉献给民族的文化事业。他们有卓越的智慧、丰硕的建树、崇高的人格精神,他们就是民族文化的脊梁。[①]

从这些语句中,我们应该能体会到冯骥才的这份使命的重量。

二

得奖对于冯骥才不是新鲜事儿,这个奖却不知有多少奔波和风雨,不知有多少泪水和忧叹。冯骥才从红地毯上走过,挥着手,向大家投以略带腼腆的微笑时,我想到的不是他的荣耀时刻,而是那些"走麦城"的经历,这也是他生活中的一部分。这些年,他总在感慨:"我是一个失败者,因为能保护下来的比被毁坏的少得多,简直不成比例。"

在这本《漩涡里——1990—2013 我的文化遗产保护史》中,他就写了不少例子:

1994 年年底,将近六百年的天津老城,面临全部拆除,改建成商业街,即将开建的"广场"竟然打出这样触目惊心的广告:"纯粹香港风情,让人忘了身处天津。"老城是津沽文化的根,眼见它连根被拔起,冯骥才心急如焚。然而,呼吁、奔走,哪怕是哀求,

---

[①] 转引自杨杨《冯骥才:对民间文化爱到极致许定终身》,《大树》2018 年春季号。

都挽救不了老城的命运。冯骥才和一群志同道合的人，只有在最短的时间里，拍摄和记录下老城最后的身影，以《小洋楼风情》《东西南北》两本画册留给后人。那段时间，他内心的伤痕和无力感，恐怕只有他自己最清楚。接下来，1999年，估衣街要拆，谦祥益绸缎庄这样的老字号要消失。一个书生只能写文章呼吁，找领导讲重要性，尽管老百姓已经打出"社情民意不可欺，保留估衣街"的横幅，尽管一线生机就在眼前，可是，推土机无情地击碎了他们的梦想。当时，冯骥才正在国外访问，回国之后，他赶到现场，七百年的估衣街化成一片瓦砾，面对这些，这个两米高的大汉，在那么多人面前，泪流满面。

　　这样的事情，他遇到的何止这么一遭？2011年的春节前，他来到天津的古画乡"南乡三十六村"，这是著名的杨柳青年画的原产地和销售中心，当时还活跃着年画制作的最后一批人。比如他关注的年画传承人王学勤、老字号的"义成永"画店。此时，他们却被告知，城镇化改造中村庄将消失，人得迁走，古画乡荡然无存。面对这样的大潮，冯骥才只能组织人马对古画乡进行"临终抢救"。——在城镇化过程中，原来村落中的历史记忆、生活习俗、民间文化形态随风而逝，千年农耕文化突然死亡，冯骥才把那种抢在它们消失之前进行的针对性极强的文化抢救称为"临终抢救"，为此，他还写了一本书《一个古画乡的"临终抢救"》（生活·读书·新知三联书店，2011年11月版）虽然，这时候"抢救"手段、方法比以前更科学、更有效，然而，"临终"的命运难以改变，所谓"抢救"也是无可奈何之举。更何况，冯骥才多次说过，民间文化最大的魅力恰恰来自大地上的活态，他无奈地写道："我们已经尽全力，把力所能及的事都做了。在'城镇化'浪潮前，我们势单力薄；即使力量再大，也只是螳螂之臂，怎么可能去阻遏'历史巨轮的前进'？我又想，还有许许多多遇到同样困境的文化传承，它们怎么办？"①

在一次次碰壁中，冯骥才没有放弃，为了他的"神圣使命"，他甚至改变了很多传统文人的脾气。比如传统文人都有几分"清高"，不太愿意主动跟政府部门打交道。可是，冯骥才清楚，他所做的文化保护工作，政府不仅是第一责任人，而且还是最有力的推动者和改变者，他必须与他们打交道，而且还要用自己的观点去影响他们。这其中的甘苦，大概也不是一本书能够写完的。2002年，他雄心勃勃地倡议要做"中国民族民间文化遗产抢救和保护工程"，最初提出，仿佛一呼百应，相关部门都表示支持，等到要拉开架势大干一场时，在利益面前，冯骥才他们却被排除在外了。真正需要经费的是他们啊，有些事情迫在眉睫不容拖延。当时，经费紧张到什么程度，冯骥才写过这样一件事情：中国民间文艺家协会的普查人员在甘肃发现一位老太太唱"花儿"极其珍罕，普查人员想录下来，可是没有录像机，便回北京申请，经费紧张，几个月后才落实。等他们再赶到甘肃，见到的只是老太太的女儿，老太太上个月刚去世，去世前还在念叨："他们怎么还不来啊？"

这样的事情，令人欲哭无泪。

---

① 冯骥才：《一个古画乡的"临终抢救"》，生活·读书·新知三联书店，2011，第63页。

三

我一直在想,既然这么艰难,冯骥才为什么还要义无反顾地跳进这个漩涡中?他本来可以不必如此。从小处说,这是一个作家对民间文化的情怀,一个艺术家的审美直觉,一个思想者的行动执着。从大处言,还是那种发自生命深处的责任感、使命感,这些在冯骥才的内心中是无比神圣的。

一个有这样责任感的人,当他看到民间文化遭受破坏的现状,只会寝食难安,不可能无动于衷。从20世纪80年代开始,冯骥才每年农历小年前后都跑杨柳青周边的乡镇购买年画,他发现可买的品种越来越少,到后来,年画摊都被取缔了。有一年,跑遍杨柳青,冯骥才竟然一个年画摊都没有找到。这边衰落,另外的一边却很红火,各地的旧物市场对于民间文化的贩卖似大潮波涛汹涌。冯骥才曾经写过一篇《从潘家园看民间文化的流失》,他看到的不仅是这里的某件东西,而是一片土地上的文化样式和生活形态的"全面瓦解,化作商品跑到市场来",他说:"剃头挑子来到市场,表明老式的走街串巷的剃头匠连农村也没影儿了;年画木版走上市场,说明木版年画已经无人问津;整箱的提线木偶出现在市场,不是告诉我们这种有声有色的乡野戏偶已然绝迹于民间了吗?"① 这种消失,从广度和速度上看都超出人们的想象。仅木版年画而言,向云驹曾说过:"杨柳青30多个村庄'家家会点染、户户善丹青'的风景烟消云散;作坊300家、艺人千余名、年销3000万张画的朱仙镇年画,如今风光不再;曾经摆摊设市卖年画可绵延15里长的绵竹年画,如今几成博物馆的'死

---

① 冯骥才:《从潘家园看民间文化的流失》,《灵魂不能下跪》,宁夏人民出版社,2007,第138页。

物'；曾经画店百余家的杨家埠年画，只剩几名艺人；凤翔年画、佛山年画、平阳年画等只剩一二户传人在坚持；漳州年画、上海年画等已是见物不见人，空有旧时盛名……"①

我们弃之如敝屣的东西，老外们却当作珍宝一样抢回去。20世纪90年代初期，冯骥才就曾与一个比利时人在抢一辆清代中期的轿车和一扇巨大而豪华的明代木门，为了不想让这些东西流失海外，他花了自己一本书的稿费。在搜集和调查盘王图时，冯骥才发现，我们还完全弄不清楚的东西，西方人早就动手了。在大理，一家古玩店店主告诉他，一个法国人多年前就是盘王图的买家，他收集了上百幅，而且还印了一本画册。这令冯骥才很感慨：我们的学者在哪里，是不是更喜欢书斋里坐而论道？

冯骥才的焦虑，还源于他清醒的意识和观念的先觉。他认为民间文化是中华民族文化的一半，必须要为未来留存下来。他反复说："任何民族的文化传统实际上包含着两个方面：一个方面是精英文化，或称典籍文化，另一方面就是民间文化。民间文化是广大群众自己创造的文化，是源头，是根基。从精神意义上说，它是一个民族情感和理想的载体，是大众愿望和审美的直接表现，是一种生活文化，是和生活融为一体的。同时，它又是集体性的文化，一个地域性的文化，所以，它具有广阔的覆盖性。这个地域的范围最大是一个民族，所以，一个民族的特征最直接地由它的民间文化表现出来。"②

---

① 向云驹：《中国木版年画的抢救与经验》，《广西师范学院学报》（哲社版）2004年第3期。

② 冯骥才：《不能拒绝的神圣使命》，《灵魂不能下跪》，第24页。

从这个高度来认识民间文化，你不能任由人们再破坏下去，也不能任其自生自灭，必须赶紧行动，自觉地保护。中国民间文化遗产抢救工程就是在这种大背景下开启的，然而，随着社会转型的加剧，他们面临的困难更多，肩上的压力更大。怎么办？怨天尤人，没有效用；大声疾呼，应者寥寥。在《漩涡中》，冯骥才几次写到缺乏支持的失望乃至绝望，谈到民间文化抢救和保护，他认为有"四难"：抢救对象濒危性；缺少经费；缺少专家；缺少社会支援……

四

文坛上很多人都喊冯骥才为"大冯"，自然是因为他个头儿高，可是，我以为，"大冯"还因为有一个强大的精神气场。在民间文化保护过程中，冯骥才将思想化作行动，把书斋搬到田野，以知识分子的"文化自救"，为中国当代知识分子树立了一个标杆，开辟了一道值得深思的道路。

他成立了文化保护基金会，卖画筹备启动民间保护的基金；更重要的是，他真正走向田野、走向民间。在冯骥才近年出版的众多作品中，有五本书我特别看重：《民间灵气》《乡土精神》《武强秘藏古画版发掘记》《豫北古画乡发现记》《一个古画乡的"临终抢救"》。冯骥才称这些是"行动散文"，他认为："民间文化在田野，不在书斋。它不是美丽和无机的学术对象，而是跳动着脉搏和危在旦夕的文化生命。""立足田野，即与我们的文化共命运。我们不是文化的旁观者，也不是站在文化之上的知识的恩赐者，而是在文化之中为文化工作。田野是文化本身。"①在这个过程里,冯骥才未尝没有对知识分子角色和责任的反思。他曾感慨,在利益驱动下,很多文物贩子,扎进山村水寨,寻奇觅宝,可是,"在这些文化沃土上,到处是古董贩子,反倒很少看到专家的身影"。他发出长长的疑问:"我们现在要做的是跋山涉水去到村寨里把那些转瞬即逝的无形的文明碎片记录下来,还是坐在书斋里怨天尤人地发出一声声书生的浩叹?"②

走向田野,风餐露宿,是件辛苦的差事,然而,大地给予他们的回报又十分丰厚。有两个年画产地就是在新一轮的普查和田野调查中被发现的,并有了意外的收获。一个是对武强年画进行拉网式的普查时,在武强周家乡的旧城村发现一户人家屋顶藏有大量古画版,2003年10月10日,冯骥才和一批专家来到了武强,天公不作美,大雨,烂泥路,车进不去。"我们走在烂泥路上,如同一伙乞丐,而且脚底极滑,左歪右晃,大家笑我,说我是'丐帮的首领'。然而人人都是顶风冒雨,湿衣贴身,湿发贴面,歪歪扭扭跋涉于泥水之中,哪个好看?"③一批早在人间绝迹的古画版由此重见天日。三年后,2006年11月下旬,在河南滑县几乎是同样的场景,寒风扑面,冒着泥泞,他们走进了李方屯。等进了村子,已经双脚是黄泥,鞋子里是冷水了,然而,冯骥才迫不及待地说:"还是先看画吧!"这次发现的是"一个有声有色、五彩缤纷、活态的年画产地;一个在已知的神州各地的木版年画产地中从未露过面的新面孔;一个作品曾远销东北与西

---

① 冯骥才:《为未来记录历史——中国木版年画普查手记》,《为文化保护立言》,文化艺术出版社,2017,第165-166、167页。
② 冯骥才:《癸未手记》,《灵魂不能下跪》,第444、451页。
③ 冯骥才:《武强屋顶秘藏古画版发掘记》,画苑出版社,2004,第17页。

北的黄河流域的北方年画中心；一个从题材、体裁、风格、技术和相关民俗特征上独立特行的古画乡"[①]。对于年画的保护和抢救，在科学的规划和设计的基础上，冯骥才和他的团队做了非常细致的工作。在调查手段上，除去传统的文字和摄影，还加入了录音和录像，以适应活态和立体记录。同时，口述史和视觉人类学等调查手段也在年画普查中发挥作用。他们的普查成果，是以年画代表性产地为分卷的22卷《中国木版年画集成》，连在日本和俄罗斯所藏的中国年画也做了打捞。针对传承人的《中国木版年画传承人口述史丛书》14卷，对30位传承人进行了口述调查。在这一过程中，国家非遗项目中有了木版年画代表性传人，中国文联和民协也有了中国民间文化杰出传承人（木版年画）名单的认定。2007年9月，我国第一个全国性的年画保护和研究机构——中国木版年画研究基地，在天津大学冯骥才文学艺术研究院成立，这里有跳龙门中国木版年画博物馆、中国木版年画数据库和藏品库……普查、研究、传承，冯骥才和他的团队，让风雨飘摇中的中国木版年画又重放光彩。年画跟民俗，跟节日文化，都有割不断的联系，这些成果所带动的连锁效应，恐怕不是用"成果"二字可以概括的。

在这些行动中，冯骥才不仅树立了当代知识分子参与社会的一面旗帜，而且，从观念到行动，他的示范效应必将影响到更多的人。从观念上讲，他这些年为我们提供了很多关键词，带动我们在民族文化保护和文化遗产的传承上不断深入思考。例如，建设性破坏、年文化、文化政绩、文化粗鄙化、全民文化自觉、民

[①] 冯骥才：《豫北古画乡发现记》，中州古籍出版社，2007，第8页。

间审美、民间自救、文化空巢、文化产业化、临终抢救、文化先觉等。冯骥才不是空谈理论，这些观念是在行动中产生的思想，反过来，这些思想指引着人们行动。事实上，它们也在默默地改变我们的生活，比如，节日文化，2007年和2014年，作为全国政协委员，冯骥才两次提案，内容分别是：关于建议春节假期前挪一天的提案、关于建议春节除夕恢复放假的提案，就是考虑到中国人的民间习俗，大年三十（除夕）要回家过年，保证这一天放假。2004年，为了激发人们的文化自尊、爱惜自己的文化遗产，他提案确立"中国文化遗产日"，这些都通过国家层面得以确立和实现。更不要说，他倡议的紧急抢救民间文化遗产和如今仍在推动的古村落的保护，对整个民族文化的呵护意义。

香港文化学者郑培凯曾经说过：

> 大冯做的工作实在是了不起。我们这个民族经历了许多的事情，一百多年的动荡变革，原有的礼俗记忆都被破坏掉了。文化没有承袭，审美意识没有依靠，就变得粗糙，变得鄙俗。另外，现代化是有副作用的，西化、现代化、工业化，都有这样那样的问题。怎么解决？是时候重新审视传统，审视民间传承的时候了，大量不为人知的文化在民间。知识分子是要向大冯看齐，走出象牙塔，多做点儿社会贡献。在这方面，大冯他全身全神投入，是我们的榜样。他不只是对非遗、文化遗产而是对整个中华文明，都有很大的贡献。①

---

① 郑培凯：《冯骥才的审美关怀与文化遗产保护》，冯骥才文学艺术研究院编《为未来记录历史》，文化艺术出版社，2018，第225-226页。

五

那一年，冯骥才为了文化保护基金筹款，用的是文人的笨办法：卖画。在新建的苏州博物馆，他一套组画《心中十二月》售出。真是心有不舍，义卖结束后，站在空无一人的展厅，他请摄影师给留个影，这是与自己心爱的作品在诀别。悲壮，又苍凉。有记者问他："你靠自己卖画能救得了中国的文化遗产吗？"他回答："个人怎么能救一个民族的文化？"有人说他这是精卫填海，他说："精卫填不了海，但精卫是一种精神。"后来他自己也说，这是在给自己壮胆、鼓气而已，内心深处的无奈、茫然与孤独，还有苍凉，有谁知道？

多少年来，在他的身后总站着一位默默的支持者，那就是妻子顾同昭，在妻子的眼里，冯骥才是这样的：

> 那天他回家，帽子也是歪的，提溜着书包——在地上那么拖着，整个拉垮了回来，已经一点儿劲儿都没有了。我说，好，劳模回来了。他就是这样，事业第一位，也不是不管家，是顾不上了。他回来，我一切都按他的习惯弄好了。我喜欢由着他，很多人说他有些性格是我惯出来的，我是觉得能让他发挥的地方就应该让他自由发挥。他平时想睡就睡，想起来就起来。有时候晚上忽然想写点儿什么，起来就写，还得把我也弄醒，听他念一段……他卖画做民间文化保护，我也一直是支持的。我们就这样，五十年，已经习惯了，磨圆了。①

---

① 顾同昭：《相伴五十年的"我和他"》，《大树》2016年冬季号。

这也是冯骥才真实的一面，与在公众面前慷慨激昂的他，迥然不同。

然而，作为一个理想主义者，他似乎从来不缺少热情，他挂在口头上的那句话是，我们的事业只有逗号，没有句号。他说，七十五岁了，我还有理想。最近，他又在为民间传承人的现状和未来操心……

2005年9月，冯骥才到山西榆次的后沟村参加一个山村文化节。这个村子曾是他启动中国民间文化遗产保护采样的村子，村子被人重视了，老百姓有了尊严，收入也增加了。那天，冯骥才从村里出来时，有几位大娘跑上来，往冯骥才的口袋里塞大枣。当地的干部说：老百姓拿你当"八路"了。冯骥才心里也感到高兴，高兴老百姓爱自己的村子，以村子为自豪了。或许，这才是冯骥才最终要的，用他的一个词讲就是：全民文化自觉。

2018年10月15日 00:40

参考书目：

冯骥才：《漩涡里——1990—2013我的文化遗产保护史》，《收获》2018年第6期。

冯骥才：《冯骥才》文化保护卷三卷，青岛出版社，2016。

冯骥才主编：《中国民间文化遗产抢救工程档案：2001—2011》，宁夏人民出版社，2015。

卫护民族的自尊

——关于传统文化、城市建设及其他

周立民：最近一段时间，在中央电视台《东方时空》等节目中看到您谈到年俗，谈天津杨柳青年画，等等，从中能够看出您对我们民族传统文化的炽爱之情。最近又读到您的新书《手下留情——现代都市文化的忧患》（学林出版社，2000年9月版），书中记下了您为保存天津古城的文化精髓所付出的心血，有您为卫护都市文化个性和文化传统所发出的真诚声音。然而，这种对传统的卫护和中国人百年来的现代化之梦是否矛盾？或者说在现代化的进程中，传统到底应当扮演怎样的角色？落到实处，一个城市现代化的建设与对老建筑的保护究竟是否矛盾？

冯骥才：在改革初期，现代化跟传统可以说是格格不入，相融很难。反传统贯穿着整个20世纪，经过"文革"之后，一进入改革，人们对传统似乎有一种"弃之不顾"的激情。比如过年，比如年俗，人们几乎把它全抛掉才觉痛快，嫌年俗太烦琐、太麻烦，似乎把传统扔得越多越时尚。这都是受西方现代性思维影响的结果。大家对西方的现代化都一往情深，嘴里说中国的现代化，但是中国没有现成的现代化方案,样板都是西方的。于是,西方文化就处于强势,我们自觉不自觉地将自己处于卑微的地位,这便产生了对民族传统的漠视。城市建设也一样,比如中国的城市现在在追求"高起来",并把它当作现代化城市的一个象征,其实,西方现代化国家早在20世纪70年代就警惕高楼建设了,他们的高楼大多是商用的或者平民居住的。从城市的发展史看,高楼大厦应是一种历史的误区。再比如说,我们认为繁华就是灯火齐明、广告牌林立,其实,这只是香港、台湾、澳门和纽约这些地区所追求的,欧洲一些发达国家是拒绝这么做的,巴黎、维也纳中心区域绝对不允许有任何霓虹广告牌的,西方人认为那是光污染和广告污染,而他们的红灯区才灯红酒绿、灯火通明的。灯火通明是美国现代化,而美国的现代方式充斥着消费主义,即对资源的滥用和挥霍。还有各地盲目地对欧式建筑风格的模仿,这种"洋"说明了什么?说明我们太"土"。这些行为都是在封闭的背景下造成的。封闭的结果不只是看不见别人的文化,也认识不清自己的文化。其实,从当今世界来看,越是一体化,就越要保持自己的文化尊严、完整和精粹。我想,我们中国人在这一百年,如果重视"天人合一"的观点,就不会在现代化的进程中走那么多弯路,牺牲那么大。传统文化失落了,吃了生态的亏,我们才想起"天人合一"了,对传统丢掉得太多,而对西方的现代东西,又没能真正拿过来,二者无法衔接,这才是我们的尴尬。

周立民:表面上看,民族文化一直是我们自豪的资本。从刚识字时起,我们就在说"中华民族,历史悠久"这样的话,实际上,我们早已放弃了精神的承继,我们变得很实用、功利,在城市建设上同样如此,经常听到有人说拆了那些古建筑,是为了给活人让地方，这纯粹是一种实用主义的粗暴态度。

冯骥才：太现实，太实际，最近山东曲阜水洗孔庙事件，已经说明我们"实际"到了多么可怕的程度！这其实是一个民族不够精神至上，也是对民族文化没有自尊的表现。举一个例子就很能说明问题，日本人吃饭的规矩是绝对不能乱来的，你要随便一些，他们不干，而中国餐馆里却又是西式大碟，又是刀叉，主动迎合西方。可以说我们的民族文化躯壳存在着，而内在的精神已经没有了，我们要呼唤国人重建民族自尊，将自己精神上的东西承传下去。现在不少西方人认为中国只有两件东西可以看看，那就是兵马俑和杂技。这还不值得我们深思吗？

周立民：打着重视文化的招牌的另一举动就是大批伪文化的建筑在城市出现，什么明清一条街、民俗村、西游记宫，等等，您在这本书中也提到了它们存在的危害，这些东西屡受批评，却屡建不止，对此，你怎么看？

冯骥才：伪文化的泛滥，除去对文化的广泛无知之外，还反映了人们的一种意识，历史文化是古人干的，不是现在干的，所以要建新的，要有政绩。哪怕是把真的推倒、换个假的。另外，它也反映了我们对自己的文化的粗鄙化，所谓历史文化，只要有个样儿就行了，管它是真是假的！像港台古装电视剧那样，乾隆皇帝提着宝剑一蹿就上房。历史文化毫无严肃性可言。

周立民：这几年，您简直成了老天津的卫护神，1996年为了挽救津门老城，1997年为了抵制对原租界毁灭性的冲击，1999年为抢救估衣街，您奔走呼吁，组织各界人士以民间的方式保存图片资料，这一切真令人敬佩。

冯骥才：历史给我们的时间非常有限，再过十五年、二十年，中国城市的特色差不多全完了。我希望大家都来做这种事情，我人在天津，心却在全国各地的城市。

周立民：但是，作为一个有责任感的知识分子，有时您是否感到无奈，不论您怎么声嘶力竭，可是要拆的都拆了，要毁的还是毁了……

冯骥才：山西作家哲夫，十多年来一直为淮河的生态环境保护而奔走，可是淮河的水越来越臭，年前他给我发个传真，说再也不干了。我立即给他打电话，对他说：梁思成先生当年保护北京城，最终城墙还是拆了，但是梁思成没有白喊，他把一种精神传递下来了，这个能量是无限的。我们知识分子就应当有独立的立场，把一种知识精神、文化精神传下来，把一种责任感传下来。我们内心可能会有苍茫、彷徨，但是骨子里要坚硬。马寅初、梁思成他们当年的处境多艰难，但是他们还是站了出来。现在宽松多了，可以自由表达意见，但我们现代的知识分子说了多少，又有多少人说了？知识分子的价值主要体现在对社会的责任，也就是社会良心上。具体讲，主要包括两个方面：一是发出真诚而不同的声音，世界上唯有不同的意见才是最有价值的意见。二是要有长远的关照，长远的事业。我们应当努力做到这一点。

2001年2月

《随想录》、知识分子精神及其他

一、精神是不会死掉的

周立民：我们的谈话可以先从我今天给冯老师的一件小礼品说起，冯老师可能还不知道，我带了一件礼品，这个礼品是巴金故居的一个收藏，记得吗？十八年前，1993年，巴老生日的时候，您当时送给巴老一包糖，有这么回事吗？什么糖？巧克力？

冯骥才：水果糖。

周立民：当时冯老师还写了一首诗："历尽千般苦，应尝一粒甜。九十真刚锐，康健在百年。"还有落款："巴老九十大寿之时，文坛大庆之日，进糖之余赋小诗一首。"

冯骥才：谈一谈巴老，静下心来。说实话，我认为现在这个社会很烦躁。其实，导致烦躁的很重要的原因我觉得有两个：一个是官场文化，一个是商场文化。这两个文化让我们心灵没法静下来，所以，我们现在把这些东西都放到一边，我们谈一谈巴老。因为对于我们这代作家——"文革"后这一代作家来讲，巴老的《随想录》有一种神圣的味道。

我们这一代人心里是有敬畏的,尽管现在发生的一些事情,让人们认为好像我们对生活没有可以敬畏的地方了。但是我想,之所以出现的一些事情让网民产生这么大的愤怒、这么多尖锐的议论,我觉得是因为人们仍然有一种东西,就是人们渴望着那种敬畏的东西在我们生活中还存在。所以,巴金的《随想录》和《再思录》,这两本书,只要往我书桌上一放,我的心就静下来了,为什么呢?这两本书里边夹着一个作者的良知、责任,他那一种最纯洁、最神圣的东西。

一生一百年一贯的,谁能这样?中国文坛谁能这样?所以,我想,在我们中国作家馆开馆的时候,把我们中国当代文坛的这个大师,把这部神圣的著作放在大家面前,我觉得能压一压我们现在文坛的、我们社会的浮躁。我觉得只要我们把这本书放在那儿,我们就会回到文学里边来,我们就会回到心灵上,来讨论我们的文学。我特别赞成这个安排。刚才看到我的好朋友立民拿来了一首诗,我没想到。

周立民:我觉得还是从你刚才谈到的这个话题接下来说,因为你高度地评价了巴老的《随想录》,那么《随想录》的写作时代,也正好是你们这批作家在文坛上蓬勃绽放的一个时代。现在好像这个时代已经过去了,对很多人来讲,好多东西永久属于历史,似乎跟现实没有关系。对巴老这一代作家,还有他们前一代作家,我觉得社会上现在也有一个说法,认为他们只活在文学史上,好像跟我们当下的作家创作已经没有关系了,甚至有人说我更愿意去关注哪一个国外的作家。但是我不太认同这种看法,我不知道你怎么来看,就是说巴金、鲁迅,还有他们这一代人,包括沈从文、曹禺、冰心,你觉得他们离我们远还是近?

冯骥才：我觉得每一代作家肯定要描写他们自己熟悉的那一代的生活，一部作品，作家把他的生活留在里面，另外，更重要的是，在这部书里边，还有他对生活的发现。这些是精神性的东西，生活是可以过去的，精神是穿破时空的，一个作家的精神是超越这个时空的，一直跟我们今天的精神联系起来。

巴老活了一百岁，冰心活了一百岁，他们是活化石，一直活到了当代，如果他们"文革"时去世了，像老舍那样，那我们不知道什么是有血有肉的"五四"知识分子。但是巴老、冰心和我们一起进入了这样的文学时代，他们进入了当代的文学，从"五四"那个时代贯穿过来的，就是"五四"时代那个知识分子的灵魂。《随想录》里巴老有一篇文章叫《知识分子》，里边讲了很多知识分子，他说知识分子很苦，说他结婚的时候，甚至都没有买一件家具，生活很简单。没房子住，而且知识分子是个体，是弱势。但是巴老说了一点，他们不曾出卖他们的灵魂。如果说知识分子还在，就是知识分子灵魂还在。如果知识分子的灵魂不在了，知识分子就走了，就从我们生活中离开了。所以，我们说我们特别需要，需要什么？需要我们生活的灵魂，需要我们生活的良心，需要我们生活真正的代言人。巴金这样的作家，我说他走了，这一代走了，他把他的精神遗产留给了我们，这些精神遗产仍然在我们心里面，在我们灵魂深处发生作用，只要我们认同他，他就在我们心灵的深处。

所以，巴金无所谓跟我们近还是跟我们远。古今中外的一切伟大的作家都无所谓跟我们近还是跟我们远。他描写的生活是过去的生活，他的精神永远是活着的，精神是不会死掉的。所以，巴金给《冰心传》写序的时候，他里边写的一句很有名的话……我考一考你。

周立民：思想不老的人才永远年轻。

冯骥才：太好了，就是这话，思想不老的人才永远年轻。

周立民：我觉得冯老师刚才抓了一个东西，也是非常关键的一个词，就是精神。这个词，一下子可能感觉不到那么重要，所谓"不重要"是我们现在看到的更多是实在的东西，是一个可以计量的东西，但是精神是不能用这个实际的标准来去转换的。作家所提供的不是多少钱，多少利益，而是精神和思想。它们如同空气，看不到、抓不住，却是我们生命中不可或缺的。而当下，社会存在着这样那样的问题，或许都容易找到解决的办法，而精神的缺失才是最严重和最可怕的，它既关乎整个民族，又直接影响到每一个人。

冯骥才：我刚才又看了看周立民给我的以前我给巴老写的这首小诗，我脑子里一瞬间就想起当年给冰心画的一幅小画《大海》，马上又想起了第一次遇见巴老时的那些情景，在脑子里像过电影一样。

周立民：哪一年？1979年？

冯骥才：1979年！1979年，我第一次认识巴老。当时我写的一个小说叫作《铺花的歧路》，这个小说一开始叫《创伤》，是一个真实的故事。小说写完以后，在人民文学出版社引起了很大的争论，后来还是茅盾先生出来替我讲话，当时小说名字叫《创伤》。可是在争论的过程中，卢新华的那个《伤痕》就出来了，所以当时就叫作"伤痕文学"，我跟卢新华后来说过，我说我的小说不争论的话，当时就叫作"创伤文学"了。这说的是笑话，可是这个小说被巴老知道了，巴老的女儿，当时在《收获》做编辑，就把我的小说要走了，让我寄去。

那时没有复印机，就原稿，寄丢了就寄丢了，打一包我就寄去了。巴老当时就说决定发表，我特别感动。正好没过两个月，巴老去法国前在北京的和平宾馆，当年4月22日李小林说让我去一趟，他想见见我。我那时特别紧张，巴老又说四川话，我心里又紧张，所以，巴老说的话我现在一句也不记得。这是特别遗憾的事情，但对巴老那个感觉很有意思。

那一次我见巴老有一个细节，当时我去的时候正好有一个美籍的华人包柏漪，拿了巴老英文版的《家》，请巴老签字，巴老签完字以后这人拿着书就走了。这美籍华人我也认识，我知道她住在王府这个饭店里边。结果李小林就给我打电话，说冯骥才你知道那人住哪儿？我说我知道，她说："你能不能去一趟？我爸说刚才签名，对方名字的偏旁给人家写错了，你去一趟，把书拿回来改。"我说她刚才拿着那本书在路上直跳，高兴的，错了没有关系的。——你想，"五四"时期的作家签字！她说："不行，爸爸说了，这样不尊重人，无论如何你都得把书拿来。"……那美籍华人当时就感动得哭了。

我记得后来茅公去世，巴老到北京来，我去看巴老，那时候我正好重病。种种细节情景，仿佛都在眼前。巴老这个人在我眼里，是一个比较忧郁的人，不是一个快乐的人，所以，我写的小说里边，其实，巴老最喜欢的是那个《高女人和他的矮丈夫》，为什么呢？后来我想，因为巴老比较伤感。你看巴老的小说，这个《随想录》里边，比较多的写梦。我觉得梦一方面是生活给留下来的噩梦，另外一个我觉得他的内心，他是一个用内心生活的人，他用内心对待一切，对待生活，对待我们这块土地。他说我最大的敌人，一个是那些旧的传统的观念，还有妨碍人的自由、对社会进步有障碍的那些东西，对爱摧残的力量。

我们从点点滴滴就可以体会到这一代作家的内心。回到刚才你说的话题，我就想，我们这一代知识分子，还有多少人这么活着？真正用心活着，真正用心对待我们生活中的一切，我们的百姓，特别是我们生活中的那一些弱者。如果我们没有对我们的祖国、对我们这块土地的责任，如果我们没有这样用心的话，我们怎么能写出打动别人的作品？不管我们获什么奖，哪怕我们获诺贝尔奖。我们怎么能写出那样的作品来？所以，我这十几年做文化遗产抢救的时候，有一次在上海的朱家角，跟建筑学界的人谈，我说我今天谈话，我的炮不对准官僚了，而是对准你们这些建筑师，如果你们不是见利忘义，如果你们不是趋炎附势，为什么中国所有城市的建筑都变成一样的？为什么所有我们的作家，谁抄袭谁经常打笔墨官司，中国建筑家就没有一个打笔墨官司的？互相抄袭，把所有的城市都变成一个样子……在读《随想录》和《再思录》的时候，我觉得我们的作家、知识分子应该反省。我们应该拷问自己，拷问自己的标准就是巴老在《随想录》和《再思录》里不断讲的一句话：说真话，讲真话。刚才立民讲，巴金是离我们远了还是离我们近了，我说我们如果要讲真话的话，他就在我们眼前。

二、讲真话关乎大是大非

周立民：确实是，这个问题已经越来越严峻，而且公众对于讲真话的要求也越来越强。我看到《瞭望东方周刊》曾经有一篇社论，社论上说，讲真话应该成为我们的国家战略。整个社会上公众的、老百姓的普遍要求,是我们需要真相,我们需要真话,我们要摆脱另外一种语言。但是,我们生活里头,充满了大话、空话、假话、套话。我觉得巴金在这两本书里面,一直在谈这个问题,翻来覆去在谈。而且他的反省,不是指责别人讲了什么话,他首先是说我自己讲过假话,我自己讲过套话,我对不住读者,他甚至觉得:我的全集里头,有一半是废品,我辜负了读者对我的期望。巴老晚年是一个非常忧郁非常痛苦的、精神上非常孤独的一个老人。这一点与公众对他的印象恰恰相反。因为在公众的印象里边,他晚年应该是很幸福的,从社会地位、声誉,甚至从生活上讲,也不像早年那么困难。实际上,巴老的内心上是非常孤独的,而且这一种孤独和痛苦,一直伴随着他到他去世的时候。

《再思录》最后的一篇,是他写给他外孙女的题词,这个话是不准备拿来发表的。巴老去世后,我看到这个话非常感动,就选了几段。巴老说:什么大师啊,这些他差得很远,而他思考的不是这些名誉,而是怎么样做一个本本分分的人。我觉得做一个人,也和讲真话一样,是同样的一个标准,因为只有你做一个真正的人,你才能发出真正的声音,有了你真正的声音,反过来才能确认你是一个实实在在的人。不然的话,我们就会是一个符号。我记得我们有一位作家的文集里有一辑文章叫《代言集》,这个题目拟得蛮好的,因为这是他做官员的时候发出来的声音。那么我们现在首先要确认我们是一个人,就像巴老说的:没有神,我们都是人——实际上《再思录》和《随想录》里边也在反思这个问题,就是什么把我们变成"非人",从"人"到"非人"有一个过程,在这个过程里,我们常常也会不由自主地陷入其中。比如说以前是政治改变了你的生活,那么现在我们相对自由了,但是经济呢？经济牵涉着我们，我们能够发出真正的声音吗？冯老师刚才谈到了好多建筑学界的情况，我还知道好多技术专家，包括院士，都是国内一流的专家，但是他们不能把他们的学术见解真正地表达出来。不能表达出来的原因不是别的，是因为有利益控制了他。

这种情况，巴老书里面也以不同方式谈过，它们始终围绕着我们，而且我们始终没有解决。由于冯老师这几年做了很多在一线、在田野的文化的抢救、调查等工作，我相信你对于这一方面的感触可能会更多。你所面对的这种境遇实际上跟巴金呼吁要改变的那些情况一定有很多类似的，大家好像都陷在一个网里边……

冯骥才：你刚才说了几句话，一个是套话，一个是空话，一个是假话，实际上空话嘛，主要是不负责任；套话呢，主要是智商太低，在台上哗哗一讲套话，毫无疑问，那就是智商太低。我觉得讲真话，还不是指生活中的小是小非的这些问题，而是大是大非，是涉及一个国家的、一个民族的发展和前途的问题。有时候讲真话，要给你带来一些麻烦的，因为你要讲真话，可能会跟人发生冲突。说实话，现在包括知识分子，大部分既得利益者，谁也不愿意伤害自己，所以宁愿不讲真话。现在我们很多地方，比如说要拆一片历史街区，并不是不开专家论证会，当然，像我这样的专家，大部分是不找的，知道我说的肯定他们不爱听，是吧？像阮仪三这样的绝对不能找，找阮仪三就是找麻烦。

周立民：阮先生有时候像个老愤青。

冯骥才：讲真话是一个关乎大是大非的问题，涉及我们国家、我们民族的前途。面临最重大问题的时候，我觉得知识分子必须要坚守自己的知识立场,这是讲真话的一个原则。我们现在真是宽松得多,但不是说宽松多了问题就解决了,就是说你讲了真话能不能起到作用。首先给你一个讲真话的宽松的环境,应该让人家开口讲话,这是前提。让人家讲话,让人家把他的观点真实地、原原本本地说出来,这是一个前提。还有一点,你能不能采纳人家好的建议,有没有一个机制能够保证好的建议通过论证能够被采纳,这是一个很重要的事情。所以,我觉得巴老的"讲真话"这个观点,在我们这个时代,不仅仍然有效,有的时候还很需要。

周立民:你一直在强调"知识分子",我想,"作家"和"知识分子",当然有重合的地方,但是我觉得也有很大的一个区别,至少我个人理解,作家是一个专业的称谓、一个职业也好,或者是一种身份也好,他是有他的专业性的,比如说写小说,写散文,但是不是所有的作家我都认为他是知识分子。因为知识分子不单基于他自己的专业,他不光是考虑我小说要怎么写得好,散文应该要用什么技巧把它写得动人,还有一个就是实际上要超越自己的利益。为大众为社会为普遍价值承担责任和使命。巴金、冰心,还有一批老人,他们在晚年的有些写作,在文学史上所起到的是知识分子的作用。但是我们文学史似乎到了新时期,仅讲几个老作家曾经写了什么东西就翻过去了,这是非常不公平的,不公平在哪里呢?就是老作家们的身份可能有所转变,他从一个作家转变成一个知识分子,为我们这个社会提供精神资源,但这种精神资源,可能是支撑写作走得更远的非常重要的一个源泉,文学史没有把这层意义阐发出来,把文学变成一个技巧的展示,低估了作家的价值,也把文学变小了。

大家注意一下巴老,实际上巴老在《随想录》里边不断地在提几个人的名字：左拉、伏尔泰、卢梭，这些人尤其是像左拉、伏尔泰，实际上在西方被认为是"知识分子"这个称谓的一个源头。为什么呢？就是因为他们曾经为平反冤案、为社会的不公正、为公众的利益呼吁过反抗过，这个呼吁已经超越了他个人的写作。所以，我在想，80年代"知识分子"这个词，和我们后来强调的可能是有所差别的。那个时候知识分子是一个身份，后来我们等于是跟西方接轨了，"知识分子"表明一种讲真话、捍卫真理的人，表明一种独立的立场。巴金晚年的写作实际上有一个非常重要的身份转变，就是从作家到知识分子。在《随想录》里，巴金不断地谈自己，但它里面所涉及的话题却都是一些公共话题，这是一个典型的知识分子的一个表达，他所忧患的也都是知识分子的问题。我们当代作家对此是否也应该有一些思考和反思呢？

刚才，有位网友向冯老师提问。他说巴老作为知识分子，具有反思批判的自省，直指知识分子的透彻的灵魂拷问。他说为何当下的知识分子在这方面面临着集体的失语。你认同这个判断吗？

冯骥才：我觉得一个好的作家，他可能能写出几部好的作品，相当不错的作品，但是一个真正留在历史上的伟大作家，应该让我们一眼就能看到他的立场、他的精神、他的心灵历程，这是最主要的。比如说托尔斯泰，我们一眼就看到托尔斯泰是一个伟大的人道主义者，非常清晰。比如鲁迅，彻底的批判精神，毫不妥协的、坚定的批判精神。鲁迅像玻璃一样的透明，强烈的、炽热的对生活的那种爱，对恶的那种憎恨，对真实的生活和真实的人的那种呼喊，还有对自己不依不饶不断地拷问，这才是一个伟大的作家。而不在于你写一部两部作品，这作品在历史的长河里它会被淹没的。只有前面说到的那样的作家才能真正成为一个时代的良心，才能成为一个时代的精神的脊梁。我们这个时代确实需要这样的脊梁。巴金故去之后，网上有一篇文章，冰心女儿吴青说了一句话：巴老就是巴老，谁也不能代替。我非常同意这句话。还有人说巴老故去之后，这个空白怎么填补？填补不是说谁来替代他，而是呼吁我们中国的知识分子应该有这样的脊梁的精神。

周立民：还有一个提问，这个提问我记得上次我们见面的时候也曾经打算谈这个话题，可能是一个比较大的话题，但确实是一个现实的话题。他说巴金的《家》《春》《秋》，对封建礼教进行了批判，现在"国学热"又兴起了，如何看待批判与继承，如何判别优秀与糟粕。

冯骥才：我举一个例子，我在十年以前，比较关注的是城市历史文化街区的保护，当然，坦率地说，我是一个失败者，我做了这么多的呼吁，做了这么多的努力，最后的结果，是我们660个城市基本变成完全一样了。现在做非物质文化遗产保护又做了十几年，我跑遍了全国很多农村，风风雨雨地往下跑，可是，我们整理出来的文化遗产，在城镇化的过程中被连锅端，一个村落"哗"的一瞬间就被推平了。前几个月，我还在杨柳青南乡保护那些画乡，瞬间那些村落就被全部推平。推平以后，我们文化的传承载体就没有了。比如一个村庄，它有非常好的戏曲，有非常好的歌舞和风土人情，有非常美丽的民俗，可把村庄都弄走了，把农民都迁到楼里去了，那就什么都没有了，那些文化很快就消失了。因为我整天跟这些事情搅在一起，所以前两天我在一个学校的开学会上讲，我没有忘了我在20世纪80年代写一些作品的时候思考的一个问题：就是我们当时的社会需要进步，需要挣脱生活给我们的很多精神锁链。我们必须要批判我们自己身上的很多无形的锁链，包括我们传统的很多弊端的东西。比如说我们的木版年画是很好，我们现在做的木版年画在全国一百多个产地全部都做过了，二十多个产地的档案全部都建立起来了，都做完了。但是，这木版年画里有多少糟粕？你看年画里大量画的都是金钱和财神，世界上有多少个国家，把这个金钱画得那么明确？一个圆的，里边一个方的。这么明确，画摇钱树，画聚宝盆，画黄金万两，画财能通神，画马上生财，哪有这样的画？难道我们不是一个精神至上的民族吗？难道我们这么唯利是图吗？世界上把钱画得最明显的地方只有两个国家，一个是美国，把那个符号画得最清楚，就是美国人创造的。还有一个就是我们中国人。我们国民心理中的负面东西一定要批判，但是这一段时间我没有做，为什么没有做？因为我在做文化保护。别人都认为冯骥才自相矛盾了，我说我把这些话题交给你们，你们做，我帮你们做我们的文化分析。

这里边就说明一个问题：五四运动时期，我们中国人陷到了一个"黑洞"里边出不来，压着我们的东西太多，非常重要的就是封建的观念，我们必须剪断这个古老的、沉重的锁链。"文革"后我们反思的时候，我写《神鞭》，也讲了一句话，我说我们有一个古老的沉重的锁链，尽管它法力无边，但是我们该剪的时候也得剪了它。可是我们形式上剪了它，它的"神"可能留下来了。我们进入了第二次改革浪潮之后，进入了一个全球化的时代了，全球化时代一个民族最重要的是文化的精神的传承，因为外来的文化要冲击你，你的民族要是对自己的文化没有认识，没有传承，那你这个民族怎么发展下去？慢慢地你就会迷失，你就连你的文化身份都没有。特别是我们中国是从"文革"进入改革的,我们不是线性的发展过来的,像欧洲那样的,经过一百年、二百年工业革命走到今天,我们是急转弯,"文革"时我们批"克己复礼"、批孔子、批《水浒》,我们的文化都变成一个空架子,我们再把这个空架子推到市场。这个时候,我们对我们的文化没有感情。我讲一个最根本的问题,没有感情怎么办?我们必须要把我们的文化先保住。我们在保住的时候,另外一个问题又出来了,我们又被商业利用了。然后各种各样的商业开发,"国学热"又涌了进来,现在的"国学热"里边,实际上有很多的东西,我觉得是糟粕泛滥,我们要真正回到学术的国学里来,我们要分析我们自己、我们的文化。20世纪的时候,我当时跟吴敬琏先生、胡鞍钢几个人到日本去参加一个讨论21世纪亚洲的会,我当时还说了一句话。我说我们东方创造了我们自己独特的宇宙观、世界观、天地观、自然观包括审美观,但是我们从来没有整理过,我们需要冷静下来进行学术的整理,真正地认真地去研究它,而不是像电视剧一样去演示它。所以,我觉得如果是演示它的话,那么,五四运动我们批判了的东西,我们今天又重新让它复活了。

周立民:对,我们好多东西,尤其是文化上的问题,我觉得一个最大的问题就是,经常是会一窝蜂地围着一个什么东西在跑、在转,而且是莫名其妙的。我不完全否认这个"国学热",但是"国学热"到现在这个地步,肯定是有这样的问题:现在的人连基本的文字学的功夫都没有,怎么跟我们谈国学?跟你谈国学的人可能连最基本的国学的门槛都没有入,如果仅仅是抓一点儿皮毛就可以演绎出什么故事来,他谈出来的国学,可信吗?这是一个。还有一个就是胡适那辈人都认为国学里边有很多东西太高深,他们谈不了,是胡适这样的人离国学更近,还是我们现在的教育离国学更近呢?

三、离电脑远一点儿,找本书看看

周立民:现场有读者提问:他说当下的文学为何没有20世纪80年代文学那么受大众的欢迎?

冯骥才:我认为还是因为网络的发达,阅读的方式不一样了,还有人们关心的焦点不一样了。现在是一个消费的时代,商品社会就是消费社会,消费社会就是用消费来拉动经济的发展,要想拉动经济的发展,倒过来讲就是一定要刺激你消费。刺激你消费,就是刺激你对物质的兴趣和对物质的拥有欲,具有精神价值的东西,一定会受到冲击,要贬值,对物质的兴趣和物质的拥有就被放大。文学退到了什么地步,我不认为就到了边缘。我觉得还是我们整个社会的一个文化的引导。今年"两会"我跟姜昆等几个人的媒体见面会,我讲了一个观点,我把文化分了三种,我举个例子,说就好像那个树上的果子一样,就在眼前,拿过来就吃,那是大众文化,你不需要费劲,拿过来就吃,甚至于就送在你眼前,这是一种。还有一种就是在树尖上的果子,你必须爬,你要费很大的劲,很大的努力,你才能把它拿下来在这儿吃了,我觉得那是高雅的文化,那是顶峰的文化,那是比较困难的,那需要你相当的努力,甚至需要一定的专业修养,才能到那个地步。但是还有一种是中档的文化,跳一下就能摘到它,摘到它的同时,你还有摘到它的快感,这是中档的文化。我说我们社会应该引导公众,引导这个中档文化的发展,引导公众去享受中档文化,而不能够让它任意地肆意地把群众全部推到大众文化里面。那么经过一定努力，能够摸到了更高一层的文化，这个我觉得需要一个国家的文化的设计和战略。

周立民：下面还有一个问题，可能是在场的中学生朋友，他说冯老师，如果请你现在对中学生说一句话，请问你最想说什么，你想要传达给现代中学生什么精神理念？

冯骥才：要具体地说的话，对中学生应该说半个小时，说四十分钟。我觉得有的时候要离电脑远一点儿，离八卦那些东西远一点儿，还是要找一本书看看。我在学院里的硕士生、博士生，他们每天上班来就开电脑，我说你们能不能离开一点儿电脑，稍微远一点儿，对眼睛刺激也不好，是吧？老得点那个眼药，看一会儿点一点儿眼药，每个人电脑前面都搁眼药瓶，时间长，眼睛干。我倒不是为了眼睛健康问题，我说，电脑里边有时更多的是每天生产出一些五光十色的吸引你的碎片。特别是我们现在这个电视新闻，受默多克的影响，尽量地用坏新闻吸引人。电脑最大的作用是工具作用，工具作用就是我需要什么资料来查查，查书我有的时候三五天不见得找到的，我在网上一找就找到，更多的是工具作用。电脑很难使你成为学者，电脑很难给你修养，修养还得要到博物馆去看画，还得要到音乐会去听音乐，还得拿一首诗慢慢地看，看一会儿。

周立民：但是你发现了这种现象没有？现在就是对电脑的依赖，已经不是像你工作的依赖，是一种精神的依赖，甚至包括微博，好多所谓的微博控啊！在这种情况下，似乎大家只是在这种信息的世界里头就够了，对一个更深度的东西，好像我们都没有心思放下这个脚步来仔细地品尝一下，仔细地打量一下，或者说我们的深度阅读都受到极大的损伤。这个时候呢，我们总是在讲"生活节奏太快了"，似乎把所有的责任推给了一个外边的东西，而没有考虑，有的东西是我们的自我选择。每一代人都有每一代人的生活，但每一代都有可能面对同样的问题，人生的基本问题，个人的内心与外在的世界的冲突，也是大家都逃不过的问题，对这些你怎么看？

冯骥才：反正微博是这样，我是没有微博的，很多网站都跟我说，让我无论如何来个微博，我说我没有那么多的精力盯住这个微博。另外一个呢，我也不看微博。我不反对微博，我认为微博有的时候确实能够反映民意，确实有很多智慧、民间智慧。我有时候很佩服微博里的一句话，有时候特别尖锐，一针见血。但是不要用大量的时间搁在微博里，搁在微博以后一个结果，你脑子里全是沙子，能淘出多少金子来？如果你的生活里全是碎片，最后到晚年的时候，你就发现你的生活里什么都没了，就是一个沙滩，连脚印都没有了。我觉得生活还是应该有一条清晰的线，有自己的一个阶梯，要对自己人生的每一步都清楚，有一个清晰的追求，还得有一个最后建立出来的修养的境界，还要成就自己。现在我们说成功，我始终不认为有什么成功，我认为只有成功的事，没有成功的人，为什么呢？因为你有具体目标才可能成功，我们要编一本书，说编成了就成功了，说这个书没编出来，那你说什么叫成功的人？我觉得最重要的是你对你自己的认定，如果你认为自己这一辈子，没有伤害过任何人，确实做了一些自己认为应该做的事情，自己心安理得，那就算成功。人的一生千万不要把自己的人生过"碎"了，这就是我的一个人生观。

四、金钱买不着的东西都比金钱贵

周立民：这些问题，也让我想起了巴老的一些创作和思想变化。我不知道大家是否关注过巴老的一本散文集，这本散文集是抗战后出的一个散文集，是他怀念他几个朋友，包括他哥哥，就叫《怀念》，这里体现了巴金人生观的一个转变。在抗战前他一直在追求英雄的人生观，一个人从事革命工作，最后成为一个做过惊天动地事业的英雄，这个人生观符合我们很多人的想法，包括冯老师刚才说的，我们要做一个老板，我们要做一个什么什么所谓"成功人士"的这样的人生观，当然，巴金说的革命不是为了个人利益的革命，而是为了大众利益的革命。但是我发现抗战以后，他这个观念悄悄地发生了变化，他也崇尚英雄，崇尚的是一种英雄的精神，而这个英雄的精神体现在哪儿呢？体现在平凡人的身上，社会里普普通通的人。他一再强调，就是这种精神，像圣徒一样的这种精神，每个人身上、每个人的心灵里都可能有。小说《寒夜》里有一个人物叫汪文宣，这是一个悲剧性的人物，甚至现在人觉得这个男人活得窝窝囊囊的，巴老却始终肯定他，说这个人没有出卖过自己的灵魂，坚持做人的本分。他爱他的妻子，他就能放他妻子走，让他妻子自己去追求自己的幸福，他宁愿牺牲自己。因此，在《怀念》中，巴金写了很多他的朋友，有很多人今天提起来大家都已经不熟悉了，因为他们不像曹禺、沈从文那么有名。比如说缪崇群、陈范予、陆蠡等人，这些人都是做教师的、做编辑的，或是一个名气不大的作家，但是巴老觉得他们这些人都有金子一般的心，他们的灵魂的光总在引导着他，包括在"文革"之后，他总觉得这些朋友像一盏明灯带给他光明。

他说这个话不是虚情假意，他为他们写了很长的怀念文章。有人可能会问，在巴金的朋友中名人很多，比这些人有成就的人也很多，巴金为什么那么深情地怀念这些人呢？包括他的三哥，他讲到他的三哥，放在一个当今的社会里，或者放在一个历史里，都是普普通通的人。但是在这些人身上，就我的概括说，他们有圣徒的光辉，他们坚持信仰和做人的价值，实践了理想，成就了自己的人生。我们不要有错觉，认为只有那些伟大的人物才能去承担什么价值理念。实际上我觉得巴金，特别是他的晚年，他自己说我就是一个普普通通的作家，我们的每个人都普通，但不一定我们就没有圣徒一样的精神。

大家都说我们现在的这种环境比过去差多了，可能也是一个客观事实，但是，前辈有时候就会给我们提供很多的参照，有没有一个历史的参照，对我们活在当下似乎是很重要的。其实，前辈所面临的历史环境也不见得就比我们好，你说巴老和朋友们办文化生活出版社时，他的环境就比我们好吗？比如说现在出版社一本书动辄开印就是一万，那个时候有一千册就已经不错了。还有，你想一想他们是在什么环境下办文化，是在日本人的炸弹不断地轰炸下生活的，巴金自己就写过：今天活着，明天都不知道是不是就像被炸掉的死尸一样栽在地上。连命都保不住，他却背着刊物的纸型从这里逃到那里印刊物，而且你想想，当时的这种交通条件和社会条件，居然有大批文化人坚持把一本本书送到读者的手中，靠什么呀？赚钱，能赚多少钱？而且他们办文化生活出版社这批朋友们，做编辑工作都是分文不取的义务工作。他就这样做了十四年的文化生活出版社的总编辑。在这一点上，想到你历尽千辛万苦做民间文化保护工作，很让我敬佩和感动，好像有一种前辈的精神还会在传递，当然不光是冯老师自己，但我看到了一个在物质至上的社会里，一批人的精神壮举，我不知道在这方面，冯老师你自己的感触是什么？

冯骥才：绝对不是我自己，我上回说过，我们确实有一些知识分子让我非常感动。比如说有一个拍摄长江的摄影家，这个人是徐州人，他岁数可能比我还大一岁，他今年好像也快七十岁了。他在二十年以前就认为中国的长江要被淹没，他认为中国的长江，是养育了中华民族的一条母亲河。他在徐州有一个小小的影楼，他把影楼卖了，用全部的钱在长江买了一条船，他一个人划这条船在长江二十年，他把长江两岸的所有的山都爬过，留下了几十万张长江的照片，后来这本书进了国家图书馆，叫《永恒的长江》，我给写的序，叫《永远的长江》。我说，这是我们中华民族，我们一个国家应该承担的事情，我们把一条河变成了那么大一个水库之后，淹没了之后，我们事先为什么不把整个的拍下来，这条河被李白、被杜甫，被我们无数的诗人讴歌过，给我们民族这么大的恩惠的，我们中华民族血脉一样的，这样的一条母亲河，我们把它淹没了，为什么我们不把它拍下来？他一个人承担了。你比如说郭宇桥这个人，到现在他还给我通电话。他这些年来，也是二十多年，一直在做草原民居的调查，从东北经过内蒙古到宁夏再到新疆，专门做草原民居调查。他就一个背包，一个破照相机，一个笔记本，几支笔，一大堆药瓶，就那么背着，二十多年就这样，这样的人完全默默无闻。刚才立民讲到"五四"时期，有一次我在政协会议上讲，我说"五四"时期没人给我们盖剧场啊，我们现在这个剧场，各个城市盖那剧场都是上亿元盖的吧？那个剧场，那个博物馆，那个画廊，那得花多少钱？我说"五四"

的文化，"五四"的文化仍然是高峰啊！并不比我们当地的峰低啊，而且产生了多少大师啊，音乐家、画家、作家，产生多少高峰，没有托人支持啊，国家能给多少钱啊？我们为什么产生不了什么东西呢？还是我刚才说的那句话，我们不精神至上。现在重新看巴金这一代作家的时候，我认为他们是精神至上，我佩服他们，我不如他们，他们这么困难，他们结婚连家具都没有，连房子都没有，但是还没有忘了他们的写作，巴金那时候写作正是高潮期。他们知道世界上终究有比金钱高贵的东西。

上回我在云南大学讲这句话，有一个学生问我，他说什么东西比金钱更高贵？知道吗？我说，凡是拿金钱买不着的东西都比金钱高贵，我说健康、爱情、修养，这个你拿钱都买不着，真理，你都买不着，这些东西，它都比金钱高贵。如果我们的艺术家，我们的作家，我们的知识分子没有这样的精神，我觉得你没法跟"五四"那个时代的作家攀比，也不可能写出影响这个时代的作品，所以，我觉得我们从巴老他们这些人身上，不仅看他们的精神，另外一个就是他们的情感。你看看巴老，尤其到了他晚年这本书，就是《再思录》的后半部分，大部分都是跟朋友之间的这些信件，你看看他这些信件，尤其跟曹禺、跟冰心他们这些信件，非常感人。

我们的文坛没有这样的一个氛围。所以，有一次文坛聚会我说了一句话，我说能欣赏别人的优点是幸福的，你能欣赏别人的优点，你周围人的优点，是你的福气啊，如果我们要跟鲁迅、巴金这些人都活在同一个时代，我们多幸福啊，是不是？我们为什么要妒忌他们的那些才华和优点呢？这是上天恩赐给我们的，把这些有才华的人都搁到我们周围了，是不是？但是我们为什么没有这样的一个氛围？包括我们的协会，包括我们的文联？所以，我觉得我们的问题出在我们自己身上，出在我们作家的身上，出在知识分子身上，包括我身上，这是我们要自我拷问的。

五、所有的作家都是理想主义者

周立民：网友刚才提到一个问题，他说你认为巴老最优秀的作品是哪一部？为什么？

冯骥才：我觉得对我影响最大的还是《随想录》，当然，这个《家》《春》《秋》是我年轻的时候看的，因为我家是一个老式的大家庭，对我是有影响的，不过，描写的生活跟我不是一个时代，但是我能理解、体会那个时代。对于我来讲，《随想录》直到今天还包含着应该继承的一些遗产。

周立民：咱们俩的选择是一致的。可能有一天，《随想录》要超过《家》《春》《秋》的影响。作家版的《随想录》，从2005年开始到现在，已经发行接近20万册，《随想录》还在几个出版社印着，比如说三联书店印过合订本，他没有统计过多少，但是人民文学出版社做过一个统计，人民文学出版社大概从1980年开始，出版《随想录》的单册分卷本，五卷本的分卷本，他们做过一个统计：《随想录》的发行量跟同时段的《鲁迅全集》的发行量是差不多的。

这个我觉得也是读者的一个选择，那么我自己来讲呢，我当时是一个中学生，读书的时候也比较喜欢文学，确实是自己也觉得有很多孤独，也有很多问题，觉得都解决不了。包括跟周围的这个世界，跟老师啊，跟同学之间，但是巴老呢，我觉得当时他打动我的还不是说对历史的反思，对"文革"怎么样，我觉得这个人非常真诚,我读这本书就好像这个老人家似乎能够跟我做一个这种心理上的对话,所以,我就感觉非常亲近。我就觉得这本书就是在我自己的精神成长中带来了影响的一本书。我觉得我们似乎可以跳出一点儿话题,就是冯老师你怎么看"五四"这一代作家?

你比如说我们似乎可以跳出巴金,来看他们这一代人,你怎么评价他们这一代人?

冯骥才: 我觉得"五四"是一个伟大的时代,因为中国的封建的文化,两三千年的历史,这个历史几乎是一成不变的。我记得在日本的时候,我去拜访平山郁夫先生。平山郁夫是日本皇家画院的院长,他也是日中友好协会的会长,画画得非常好,日本的三个画家,一个是东山魁夷(他也是散文家),一个是平山郁夫,还有加山又造,这三个非常好。平山郁夫说中国文化几千年,虽然历史非常漫长,朝代也很多,但是每个朝代的开始都是一个轮回,到了最后都是进行不下去的,然后是一个农民起义,农民起义成功了之后,他回过身来又做了皇上,这个历史又重新开始。做皇上之后呢,他一定要把遗老遗少全部铲除了,然后是进行下一个轮回,把以前的那个朝代全部给否定了,一定要进行这样的一个轮回,这就是封建社会的一个秩序。这个秩序一直到"五四"时,才彻底地突破了。我有时候在想,我们中国的这些朝代,有四个朝代都是三百年左右,唐朝、宋朝、明朝、清朝,这四朝加起来近1200年,等于美国的六倍,但是我们一个朝代怎么能够这样漫长?什么因素造成了这样的漫长?

后来,我写过一个报告文学,我曾经写过一句话:最高明的统治者都是成功地征服了被统治者。就是说他跟被统治者最后达到另外一种默契,形成了一种国民的文化心理,这个国民文化心理就使我们到了清朝时,最后到1840年以后衰落到这个地步,中华民族绝望了,这个时候五四运动出现了。五四运动最重要的是终结了我们两三千年的封建社会、封建文化。

"五四"那批作家我同样佩服他们都是学贯中西的,他们跟我们"文革"后这一批作家不一样,他们都有非常好的家学,家学渊深,而且他们有独立的知识分子的精神。历史上,中国没有知识分子,中国的文人只有一条道路就是仕途。所以,中国人没有"自由"两个字,在历史上,文人是不讲自由的,文人是讲自在的。文人是自在,山水画、喝茶、抚琴,抚琴时一个声音出来以后,基本上是二十秒钟后才有第二下声音出来,基本上是在一个漫长的岁月里,追求这样一种自在的、消闲的舒适。自在是自我,没有责任、没有付出。自由是跟一个国家、一个民族、一个集体联系在一起的,对于个人来讲是灵魂的和自我的一个立场的确立,所以,我们没有这个。但是五四运动中这批知识分子开始树立了中国自由的传统,实际上树立了知识分子的传统。

有人说"五四"是过激的,说"五四"打倒"孔家店"。如果我们到了一个社会转型期的时候,特别是到了我们当下的时候,到了一个全球化时代的时候,打倒"孔家店",一定会带来很多很多的问题,因为孔子、儒家是我们民族的精神骨干里边的一条很重要的线索。但是"五四"这时候,我们不打倒"孔家店"是不行的,他们必须要采取过激的方式,就像推一个车一样,太重了,往前走之前,必须要退一下才行,才能把车推走,它必须要求这样的一个反作用力。

周立民:但是在这种过激中实际上是有建立的,它不仅仅是破坏的,前不久跟古典文献学的一个研究生交谈,谈到这个古典文献学的这门学科,他愤愤地批判,说"五四"抛弃了我们很多宝贵的东西。后来我说那你想到过胡适的整理国故吗?我们现在的这种古典文学的学科建制,不是我们传统的那种训诂啊,恰恰是胡适他们的整理国故这条路子过来的。

所以说,我觉得,包括巴老他们这一代人可能比我们好在:他们心中有一个确信,或者说他们都有一个理想,他们都是理想主义者。我记得我那个时候也问过你,因为有时候我能看到过你的其中的一面,你在愤愤地批判当下的很多你不能忍受的问题——也是我们大家都不能忍受的问题——的同时,似乎又义无反顾地投入到了你自己的一个理想中,或者说你自己的一个信念中,在当代知识分子里边,你觉得要按照自己的理想来行事难吗?

冯骥才:我觉得难和不难都是这样,因为我有好几个身份,一个是艺术,一个是文学,当然还有我做文化的事情,这文学和艺术都给我两种东西。

所有作家都是理想主义者,像陀思妥耶夫斯基一样的,是彻底批判的!他心中一定有他的理想,他的理想不能实现,所以,他彻底批判。一个审丑的作家,他一定有一个审美的理想,审美的理想他达到不了,所以,他一定要用审丑的方式,给他一个反作用力,所以,我认为所有的作家都是理想主义者。

另外,我有绘画艺术的这一面,所有搞艺术的艺术家都是完美主义者。我一个东西出来,这个东西稍微差一点儿,我不会拿出去挂在墙上的。一个作家在文字方面稍微觉得有一点儿不舒服,就绝对不会交给编辑的,绝不可能,他是完美主义者,是理想主义者,完美主义者和理想主义者是痛苦的。深深的痛苦,灵魂深处的痛苦。

我又是一个失败主义者,是一个失败的人,我做的所有民间文化遗产的抢救全部都失败了,我要保护的城市——我希望中国的城市像罗马一样,像巴黎一样,我们的城市千姿万态,我们各个城市有不同的性格,不同的美,有不同的身像,有不同的人的生活,有深厚的历史记忆——全扫荡光了,全变成一种伪豪华的、假摩登的东西,全变成这种玩意儿了。

可是怎么办呢?我没办法,农村一个一个地在消失,要么就是被开发商们一个一个地胡糟蹋。一个五千年的文明大国,糟蹋自己的文化,把自己的创造全部毁灭了。在创造自己的文化方面,我们是个伟大的民族;在毁灭自己的文化方面,我们又是一个最大的民族。所以,我想,碰到这样的事情,我能是个成功人士吗?绝对不可能成功,我不可能成明星,不可能。只能够做我们应该做的事情,凭我们良心做事吧,所以,我想这就是我。

周立民:冯老师,如果说十年前,可能对这些问题啊,好多人真是不明白,不清楚,那现在呢,我觉得社会上有好多问题,已经形成了一个共识,但是我奇怪的是,一面是共识,甚至包括官员也在讲,我们要重视文化,我们要保护什么什么,但是为什么一面在这种共识下,你们这些人在努力,而另一面,我们的推土机,我们的破坏还照旧在进行,就是这两股道,为什么就走不到一起去?这根儿是在哪里?为什么人家能够做到,我们做不到?

冯骥才:这个根子我觉得非常清楚,我觉得离不开功利主义。我们这个社会,这个功利主义来自两个方面,一个来自我刚才说的官场文化,一个来自我们目前穷怕了的中国人对金钱物质的这种需求,这两个东西我觉得就是原因。

也跟我们的吏制有关系，与我们官员的政绩有关。

所以，我现在在不同的场合呼吁，就是说一定要听人文知识分子的话，一定要让人文知识分子的意见进入决策层，要不然我们的文化就是一句空话。还有就是我们的吏制的改革要不断地深入。

周立民：这个情况能改变吗？你有信心吗？

冯骥才：我觉得如果不改变我就没有希望，不改变我就更绝望，只有改变。

周立民：改变的希望在哪里？

冯骥才：希望我觉得当然是各方面，我觉得一方面来自决策层的一种认识，决策的一种自觉，这是很重要的。在政协开会的时候，我最近特别讲了一个观点，就是讲究"文化自觉"。费孝通先生提出"文化自觉"，那么，"文化自觉"应该谁先自觉？我说第一个知识分子先自觉，因为知识分子对于文化敏感，政府要重视知识分子的文化自觉，要听知识分子的意见，这是我们的责任。如果我们不自觉，我们对生活就没有深刻的看法，我们必须要自觉。只有知识分子自觉还不行，第二个必须有国家的自觉，国家对自己的文化在一个国家整体建设里的意义，必须非常明确。国家的文化自觉表现在什么地方？就是国家必须有国家文化战略，老百姓必须知道国家的文化意志、国家的文化形象、国家的文化精神，所有老百姓得清楚。第三个就是政府执行层面的自觉，如果没有政府执行层面的自觉的话，也是一句空话，我说现在的文化遭遇只有两种——我这句话《人民日报》已经登了——要不然跟官员的政绩挂钩，要不然就被经济开发变成GDP，我们文化失去了自己最神圣的功能，就是对社会文明的推进。

所以，我们肯定有一个问题：这怎么办？决策层是一个关键，决策层的文化自觉是关键。还有公众、各界的自觉。应该有我们自己的良好文化氛围，政府应该听取社会的声音、各界的声音和社会舆论。

周立民：我觉得现在有一个问题：我们受教育的程度提高了，或者说整个国民的受教育的程度都在提高，但是这种提高和你说的文化的自觉，我的理解上还不是一回事情。特别是知识分子的文化自觉，如何成功地转化为公众的一个集体的自觉。我觉得这似乎是"五四"以来就没有解决好的一个问题。反过来，知识分子的很多文化理念和文化概念，又跟民众本身，或者跟中国这片土地越来越脱节，在这种情况下，官员、民众、知识分子各唱各的调儿，就成了一个三块互不说话的东西，在这种情况下就无法做到你理想中的那种文化自觉，所以尤其是知识分子的文化自觉，怎么能跟民众的文化自觉相互呼应起来，在这方面你想过吗？

包括比如说很具体的例子，就是怎么让你所做的民间文化的这种抢救工程，它的价值、它的意义，甚至我觉得还有一个更重要的，不光是价值和意义，就是民间文化里头蕴含的那种精神和那种美感，让我们的老百姓能够接受，能够认可，能够珍惜，然后再把它发扬下去，就是在这方面，我们做了多少工作，还有多少工作没做，您能不能给我们介绍一下？

冯骥才：你刚才说的这个很重要，我觉得应该从教育入手，这个现在我们正在做努力，我们在跟教育部门商量，是不是将来出一种民间文化的教育读本，小学读本、中学读本。其实，我们有了很多的想法，还可以做我们中国自己的小学文化读本、中学读本；还应该做一个县长读本，我甚至于曾经有一个想法，我说县长读本我负责——我自己成立了一个基金会——基金会掏钱，所有县长、县委，一人送一本。

但是我们不可能做，中国那么些事情，这么复杂，多方面问题纠结在一起，你一个小的方法不见得能解决问题，但是我觉得需要整个社会各方面的努力。

周立民： 冯老师很辛苦，今天中午刚从天津赶来。我觉得我们今天谈的问题，包括思路也蛮开阔的，实际上从巴老的两本书，一直到整个我们现在面对的一个文化环境，一个文化问题，我想，我自己首先要表示对在座的赶也赶不走的各位听众的感谢，最后我想请冯老师总结一下我们今天谈的问题，或者是你希望要跟大家表达的一点。

冯骥才： 我很赞成今天我们作家馆开馆的时候，作家出版社把《随想录》拿来做一个开篇，这很重要，这说明我们有这个想法，自觉的想法，就是把一种精神传承下来。说白了，有些精神恰是我们当代的中国文坛和作家缺失的。我发现大学校园里边有同样的问题，就是没有灵魂，找不着魂是个大问题。其实，我们的魂不是没有，是我们没有认识到它。所以，今天我很感谢大家，特别是我们今天把巴老的作品请出来，我们重温巴老，感受巴老，然后我们从巴老的身上吸取依然鲜活着的、对于今天和未来都有利的那样一种精神，我们都受到了影响，我自己也被这样的一个话题感动。

2011年9月1日于北京国际图书博览会

《冯骥才、周立民对话录》后记

苏大版后记

去年8月底,即将告别生活十年的城市重返校园继续读书,我的生活一片忙乱,匆匆忙忙的告别成了生活的主题,时间紧迫,除了无法推却的活动之外,其他的都按下"结束"键。就在这时,有一天晚上,我突然接到林建法老师打来的电话,问我有没有兴趣到天津去做一次长谈。走在大连并不安静的友好广场,我拿着手机却响亮地对林老师说:可以,我可以去天津。放下电话,我立即拐进一家小书店,买下冯骥才的新书《巴黎,艺术至上》。

在回家的路上,我默默地在想与冯骥才有关的事情。我头脑中回映的是照片上他那高大的身躯,还有电话里他底气纯正的嗓音。我从未见过冯骥才,在这之前,我跟他直接打交道也只有一次,而且是通过电话来完成的。那时,我在《大连日报》编读书版,看到他刚刚出版的《手下留情》一书,里面记录了他几年来奔走街巷从事城市文化保护的过程,也盛满他对当代都市文化的忧患。这本我很快就读完了，然而谈论的内容却长久不能从我头脑中移开。我生活的那座城市也是以日新月异、三天两变样而自豪，短短的几年，就要变成一个没有记忆的城市了。令我耿耿于怀的是一尊苏军战士铜像的迁移，广场上的苏军战士铜像注解着这个城市的特殊历史，也融汇在人们的生活记忆中。我曾无数次从它脚下走过，特别是读大学时的有一年冬天，每周我都要有一天早起去报社送前一天晚上赶出来的稿子，再赶回学校上课。一来一回，从铜像前经过，我都要多看它几眼，寒风中稀稀寥寥的几个老人在晨练，剩下的就是那个持枪迎着风雨的铜像的孤独身影，灰蒙蒙中还有几只白鸽掠过战士的头顶展翅高飞，或是站在枪管上默默静思。这个铜像已经脱离它的具体内容，而成为这个城市风景的一部分了。在它脚下奔波的青葱岁月，我总感觉内心比较孤寂，清晨送稿的这幅画面至今仍常常在我眼前浮现。可是，这样一个在风雨中挺立了半个世纪的铜像，却毫不留情地被迁走，在主事者的眼里这很正常且理由充分，也就是在报告上签个字这么简单，可是几代人的内心记忆就这么随便被涂抹掉了吗？当时真希望有人能站出来替我们这些平民小百姓喊一嗓子，让他们"手下留情"！后来我对几个朋友不止一次地说过：我们这座城市里就没有一个冯骥才，如果有冯骥才……同时，我们也羡慕天津，有着这样一位文化守护人在那里。

在这种情感驱使下，我在当年编报纸时决定以重头篇幅向读者介绍冯骥才的《手下留情》，并做了一个访谈，谈的是与这本书有关的一些事情。记得我打通了他的电话时，尽管很忙，冯骥才还是爽快地答应了，我们就这样在电话中聊了起来。记忆深刻的是他批评了某些城市盲目"洋"起来，结果搞得不中不西、不伦不类的做法。稿子出来后，他在出差前的深夜回传过来，我看到他改得很仔细，也增加了不少内容。我喜欢这样的被采访者，要么不谈，要么就认认真真地对待每一个谈话。此后，除了报纸出来给他寄去之外，我们再就没有联系，知道他是大忙人，没有事情我也不去搅扰他。也许正是这仅有的一次接触，他的坦诚鼓励了我在不该接这样任务的时候，倒很坚定地答应了下来，使我虽然与他不熟，却有去做一个长达数小时的对话的勇气（要知道这样的对话，双方如果没有足够的沟通，那将是非常难受的）。当然，我心中还有一大堆的疑问希望弄个明白：比如在人们的心中，冯骥才首先是一个作家，而对文学还残留着几分情感的我们认为，在这个时代里，作家如果不老老实实地写作，那就是"不务正业"。冯骥才为什么要乐此不疲地不务正业呢？是小说写不下去了，还是急功近利了，要在这个新时代街头上吵吵嚷嚷吗？还有那些老房子、老街道、城市民居的保护，就是喊哑嗓子效果又能有多少呢？我敬佩他的精神，但在这个时代他还想力挽狂澜吗？显然是不可能，那么，并不年轻的他还热情高涨地去做这些，劲头又从哪里来呢？现在，他还要去折腾一个规模更大的"中国民间文化抢救工程"。在一个孩子们见了日本卡通画不要命的时代，你去跟他们讲杨柳青、朱仙镇的年画，他们能听进去多少？大浪滔滔，这些是不是注定就该被淘汰呢？还有关于鲁迅，冯骥才在《收获》上发了一篇文章，评价鲁迅的功与"过"，招来一片骂声，甚至有人都要告他诽谤鲁迅了，而他却不声不响地没了下文，这是为什么？这几年，他与政府、社会打交道越来越多，又怎么保持自己独立的发言权呢？所有这些当然都成了我们谈话的内容。在他排得密密的时间表中，我能临时占用了他三天时间也的确不容易。2002年8月29日中午，我到达天津，下午两点我们在他的工作室的谈话就开始了，直到31日结束，似乎还意犹未尽。在京津地区的酷热中，我们的谈话气氛也很热烈。一天上午，冯先生甚至给我打来电话说：我晚上回家，闭上眼睛，脑子里浮现的都是我们谈话的内容。

谈话实际上并没有结束，在接下来整理稿子的几个月时间里，我们不断增添新的问题，不断补充谈话的内容。直到今年4月，冯先生去欧洲，在即将起飞的飞机上，还给我打来电话，谈的也是这部稿子。直到他将带在身边的稿子改完传了过来，我们又在电话里讨论正在肆虐中国大地的"非典"，在说人类该从这场灾难中反思一点儿什么，尽管他在山明水秀、远离"非典"的欧洲，但是仍牵挂着这边。对了，牵挂，或者直白点儿说一种挥之不去的责任感，正是这个东西一直在支配着他的行动。记得在谈话中，让我印象最深的是他谈到他们这代人的责任感，知识分子的责任感，他不断在强调这些。这种高调在20世纪90年代以后一直为人们所回避甚至是不屑的，大家更愿意以一副无所谓的样子说"玩的就是心跳"，而不愿意接触任何沉重的触及心灵的东西，记得当时我一再问他，到现在你也看重这个吗？他毫不犹豫地做了肯定的回答。说实话，人们已经越来越低调了，哪怕明知一个非常美好、崇高的东西在前面，也不敢走上去了，没有承担它们的决心和勇气了，而冯骥才却还要把这些变成行动。

我觉得冯骥才的所作所为，小而言之，是他所做的具体的事情所呈现出来的功效，这是大家可以看得到的；大而言之，则启示我们去思考一个知识分子在这样一个时代转型中如何面对自我，如何面对世界。冯骥才提供给我们的不是唯一的答案，但至少是一个重要的参考。（说这些好像小题大做、危言耸听了，但这的确是我们的顽疾，我们从来都觉得天上的事物遥不可及，而从来不从日常生活、身边的人去发现超越庸常的因素，这常常使我们错失许多本来可以不必错过的良机。）他让我不由自主地与当时正在读的一本书联系起来，那就是萨义德的《知识分子论》（单德兴译，北京三联书店2002年4月版）。在整理我们谈话录音的那些日子中，我反复地读着这本薄薄的小册子。萨义德在一个什么都可以被结构的时代中依然强调知识分子的责任，强调一种值得我们去信守的普遍价值。自20世纪90年代以来，中国知识分子一直处在边缘化的过程中，其身份和所承担的道义不断被简化。尽管也有"人文精神寻思"这样的讨论在不断提示大家来反省自身，然而从有人不断质疑"中国人有人文精神吗"和"人文精神到底是什么"上就可以看出，知识分子的迷惘和退缩。这种退缩随着社会转型等强大的外在因素推动，甚至让我担心"知识分子"的消亡，取而代之的是"专家"和"学者"这样的技术人员。孔夫子的"士志于道"的那种道义的承担，早已被年薪、职称之类的东西替换了。与此同时，关于知识分子的低调声音也出来了。比如对专家的强调，即把知识分子限定在他的专业范畴内，除此之外的僭越便不享有合法的发言权。似乎没有理由来责怪这种低调，因为以往高调的虚妄，已经让知识分子承受了不知多少尴尬，更何况早已远离了振臂高呼应者云集的时代了。还有一种貌似高调的精神自恋，一些知识分子完全忽略了时代的变化和自身的现实处境，不断地言说着神话般的东西，他们封闭的忠贞固然可敬，遗憾的是他们所有想法都很难走出自家的客厅。

在这种情形下，中国知识分子虽慌张地调整自己的航向，却仍然摆脱不了精神的焦虑和彷徨，以往神圣的价值、尊严、信条，在这个时代中仿佛都不合时宜而羞于出口了。新世纪的曙光照到了窗前，从新的时间刻度向前眺望，时间之海茫无涯际，更让人迷惘。就在这个时候，萨义德来了，他旗帜鲜明地宣称："即使在后现代主义的情况下，知识分子依然有着许许多多的机会。……而知识分子偏离行规的情形依然屡见不鲜。"而且萨义德还更进一步地说："我尝试主张：不管个别知识分子的政党隶属、国家背景、主要效忠对象为何，都要固守有关人类苦难和压迫的真理标准。"这不是明确无误地在说，知识分子除了能把航天飞机弄上天之外，还有很多道义上的责任要承担吗？这不也是在说知识分子的使命没有终结，社会的公共空间中还需要他大展身手吗？不管你对"知识分子"有着多么不同的理解，也不管这些见解差异有多大，总有一些东西值得我们共同信守的。这是萨义德讨论问题的一个平台，也是我们谈论知识分子问题的出发点。

正是在这个意义上，我理解了冯骥才为什么自称是"行动知识分子"，也理解了他说的如果是躲在家中写小说，听到哪个地方的民居又被破坏了，他是坐不住的；理解了他所强调的自己的文化保护行为和写小说同样都是出于一个作家的眼光和文化情怀，都是在全球化的形势下的一种思考，是知识分子的主动的自我调整，也是时势逼迫下的一种应对……当然，所有的问题并不会因为我们谈过了就解决了，就不存在了，而正相反可能越深究越困惑。冯先生曾希望这本书名为《思想者独行》，"独行"两个字多少让我感到几分孤寂，他需要更多的同道者，去一起经风历雨,一起思想和行动,那么就让一切没有解决的问题在行动中找到它的答案吧。至于这场无法结束的长谈,将来倘若还有机会,我想再继续下去。

2003 年 5 月 17 日清晨于复旦北区

漓江版后记

本书是我与冯骥才先生十二年前的几次对谈,当时的情景还历历在目,时光却在不觉中流逝。这几年,我们几次发愿要再做一本对谈录,来表达对当下文化状况的一些看法,话题似乎都是现成的,比如当年对谈时,中国民间文化抢救工程还刚刚起步,而现在已经硕果累累。沿着这个思路,古村落的保护工程已经启动,在这个过程中,值得一说的事情太多了。再如,当年冯先生刚刚就聘天津大学教授,而如今天津大学冯骥才文学艺术研究院已经颇具规模,且自有特色,对于艺术教育,他又做何感想?又如,对当下知识分子的精神状况,也是我们每次见面都要谈论的话题……这些年,我们见面的次数不少,就是不见面,电话里、短信中也常常就这些话题谈论不休,不过,像当年那样坐在一起,花几个下午系统地畅谈却一直未能如愿。他太忙,我也不忍心去逼他。所以,谈话录出新版,增加的只是附录中的内容,两篇是对谈:我在《大连日报》时与他做的第一次对谈,2011 年,我们在北京谈巴金先生的书和知识分子的精神传统;三篇是我写他的文章。重读以前的谈话,我没有觉得里面的话题过时了,很多问题不仅未见解决,反而日益严重了。尽管它证明了这本书的重版不无必要，但我宁愿那些问题被时间带走。可惜，这又是我们的一厢情愿。

这就好比，当大家由衷地赞叹冯先生这些年做了很多功在千秋的大事时，他却在感慨自己其实是个失败者，因为相对于他保护下来的民间遗存，毁掉的更多；他保护的速度，永远也赶不上毁灭的速度。可是，叹息归叹息，一切仿佛从未阻挡得了他风尘仆仆的脚步，还有那永远也扑不灭的热情。后一点，但凡与他有过接触的人，恐怕都无法逃避他的感染。他说他是一个理想主义者，可我知道，在今天扛起这面大旗是要付出巨大的个人代价的。这是已成低调的时代，聪明人都知道经营自己的小天地，算计个人的"大"得失，自然不会去高谈什么使命、责任、历史、未来，于是我看到了很多精致的雅士。显然，冯骥才不属于这类人，尽管他可能比那些人更有条件和能力去做个"雅士"，可是他却在忧思、呼吁、呐喊，全然忘了早已不是振臂一呼、应者云集的时代。他倒是一位真正逆着时代潮流在走的人，所不同的是，他不是精致的个人主义者，不是要做隐士或冒充隐士，他恰恰是从书斋、从个人生活中冲出来。他人高马大，在文坛上，人们都叫他"大冯"，而我却从他的言行中，感受到一个知识分子之"大"，那是精神、气度和胸怀之"大"。

有一本人文学通识教材，谈到人文学可能带给我们什么时说："我们所有人都可以让我们的生命比此时此刻我们的所作所为更加丰盈。有那么多的书可以读，那么多音乐可以听，那么多戏剧可以看，音像店里的货架上有那么多好片子。我们也许不会成为文艺复兴人，但无限的选择在等待着我们。……在某种意义上，我们变成了无限，我们以无数种方式与数不清的生命缠绕到一起。"① 我理解,这种"无限",不仅仅是知识的增加、视野的开阔,还是心灵空间的拓展和一种情怀的输送。与那种文化热情密切相连的是冯骥才的人文情怀。我喜欢"情怀"二字,它有情感的纯度、温度,有温情的迷茫、甜蜜的忧伤,有智慧的挥洒、灵性的跃动。冯骥才不论做什么,本质上都是一个作家,也总脱不了文人的人文情怀,只不过他把稿子铺在了大地上,甚至把民间大地都当作了他的稿纸而已。以这般情怀,投入到他的事业中去,那些尘封的物件有了人间气息,风干了的往事有了灵动的情思。每逢冯骥才向我讲述他的一个发现、珍藏的时候,能够看出话语中的情思,话语背后的情怀,让我不觉得那是些没有生命的东西,而是一个个鲜活如初、排着队在我面前跳舞的人。有时我想,中国民间文化何其有幸,遇到了冯骥才这样一个作家,倘若是另外的人,比如一位学者,自然有他的规范、严谨,有科学的头脑、缜密的思维——这些都很重要,然而,更重要的是能够让当代人感受到文化的魅力,进而觉出它的美丽,这却非得有像冯骥才这样的人不可。看他的民间文化考察札记,文字内外,是一个为文化的内在生命所感染,并把这种感染传达给我们的情怀。他们所做的工作是非常专业的,但这种文化情怀却应当是全体国民不应缺少的素质,冯骥才用自己的言行其实在给大家补课——文化的、审美的、历史的启蒙。这个价值远远超出一个作家单纯的创作,或者说,这是一篇经天纬地的大文章啊!

更为难得的是,他不是一个只会夸夸其谈的人,他是一个有着行动、不断行动,还陶醉在这行动里的人。学院教育,让我们

---

① 理查德·加纳罗、特马尔·阿特休勒:《艺术:让人成为人》,舒予、吴珊译,北京大学出版社,2012,第30页。

坐在书斋里高谈阔论一点儿也不困难，没有自己的东西，还可以去贩卖别人的理论嘛，这也几乎成为自古而来文人的通病。从天津的老城保护开始，冯骥才的脚步就没有停歇，他在行动中思考，在思考中行动，那些没有在纸上写下的文字已经由行动写出来了，从这一点来讲，他又是何其低调，因为他做的远远比说出来的要多。他是这个时代难得的知识分子的样板，在做一个纯粹的"技术工人"和一个高谈阔论、脚不着地的人之外，当代知识究竟该如何切入社会、实现自己的价值，我认为冯骥才的所作所为，理应带给我们很多启示。我常常想，在他身边工作的人，应当为历史认真记下他的那些文章中不曾写出的行动。我很荣幸，能够有机会记录下他一部分心声，我们的交流并非是简单的语言交流，而是心灵的碰撞。从他的身上，我得到了很多灵魂提升的力量，或者每当我灰心丧气的时候，想到前面毕竟还有一个高大的堂·吉诃德，我觉得自己也多了几分勇气和力量。

那么，让我们再一次出发吧，既然眼中的风车还是那么多！

2014年7月8日凌晨于竹笑居

（《冯骥才、周立民对话录》，苏州大学出版社2003年8月版；

后易名《忧思与行动——冯骥才、周立民对谈录》，

漓江出版社2015年10月增订版）

《竖读》编后记

冯骥才先生越来越忙，走到哪里都有很多人围着他，我常常不好意思抢占他的宝贵时间。尽管如此，每次到天津，还是见缝插针，哪怕是利用会议的间隙与他"私聊"一番。去年年底到天津也是这样子，在沉沉的雾霾中，我们的聊天却阳光跳跃。话题虽然天南海北，但基本不离心灵、文化、精神，他关注的范围也很广，比如这次他就谈到黄永玉先生的小说《无愁河的浪荡汉子》，为文学界没有充分认识到黄永玉的创作价值而打抱不平。这次，我送了一本我在海豚出版社出版的《〈随想录〉版本摭谈》给他，因为我知道冯先生尊敬巴金先生，更看重《随想录》这部书。他拿在手里，不禁赞叹此书装帧之精美。我随口说一句：给你也做一本吧，就这种西洋的古典装帧，我来选一点儿你关于阅读的文章，怎么样？他立即表示同意。随后，我即联系了海豚出版社的社长俞晓群老师。——这样的书在国内，非找海豚不可。俞社长，爽快人，马上拍板。这桩差事就算定下来了，接着就是我搬出冯先生几尺高的著作，青灯黄卷下（场景略有夸张），收敛自己的热爱，选出一本篇幅不可太多的书。

冯先生的文字，大气、率真，又不乏曲折的情思，感染力极强。同时,我还佩服他的敏锐,他以一个作家的敏感抓住很多细节,又能把它们放在大的历史、文化的背景下思考,并以思想的锐利穿透当代生活迷障,把一种人文情怀还原到我们的生活中。本书以"阅读"为编选主题,选取冯先生历年所写的读书、读人、读大地的三类文章,虽然这么分类,但书中有人,人书难分,而人与书也无不与生长他们的土地和文化息息相关,所以,这也只能是粗疏的分类。冯先生,不只是在书斋里阅读的作家,他读的书越来越大,为民间文化保护,他行走在中国大地;为探求精神的魅力,又奔走于世界各地。为此,我特意选取了一点儿他"阅读大地"的篇章,这是他的行走笔记、思考札记,也是情思寄托。近年来,他的这方面书写也越来越多,虽然限于篇幅,我只能选取一二,但也可略窥一斑。

我比较喜欢冯先生"竖读"这个说法,他说阅读分为横读与竖读两种,"横读"近于浏览,而"竖读"却不止于精读,更需要投入情感和思想。"所谓竖读,则是每一页都不肯轻易放过,时而要把一段深邃且优美的文字重新再看过一遍,时而会坠落字里行间,让思维或情感纠缠其中,甚至愈陷愈深!""竖读所需要的是心灵的感应与启示,境界的提升,以及美的焕发。"今天,大家恐怕都不缺少碎片化的阅读,而需要摒除浮躁静下心来的"竖读",为此,我自作主张以此为书名,也真诚地希望,"竖读"就从冯先生的这本小书开始,大家一起来感受这个丰富的心灵斑斓的一面。

2017 年 1 月 8 日午后于竹笑居

(《竖读》,海豚出版社 2017 年 9 月版)

《大树》编后记（四则）

一

2015年金秋，天津大学冯骥才文学艺术研究院十岁了，在那座爬满绿藤的大楼里庆祝生日，各路人才都来祝贺。记得一场活动结束后，我与冯先生就在嘈杂的走廊里坐下，在那些年轻的粉丝们拍照、签名的围拢中，我郑重地对他说：我要为您做一点儿事情。这"一点儿事情"中，就有创办和编辑一份《大树》季刊的打算。

在过去的十年乃至三十年里，冯骥才做了多少事情啊！作为一个作家、艺术家，他不仅以美感染我们，而且还以精神打动、震撼我们。如果说，美是一朵花，自身开放的自然状态的话（当然，美也不仅如此），精神却是有温度、有辐射力，普惠众人的。冯骥才所做的事情，早已超越他个人情趣、爱好，而事关神州大地、中华文化、人类的精神传承，这才是"大冯"之大。这些年来，他驾着四驾马车（文学、绘画、文化遗产保护、教育），纵横驰骋，在很多人眼里可能是风光无限，然而，坐在他的对面，倘若有一刻沉默时光，我就能感觉到他的劳累、疲惫、忧伤、焦虑。对今天文化环境和现状有一点儿了解的人，都不难理解，冯骥才所做的这些事情，每走一步都是艰难无比，可是，就在这么艰难的环境中，他和他的团队却取得令人惊叹的成果。或者说，当今中国，并不缺少在书斋里高谈阔论的作家、学者，而像冯骥才这样能够把自己的思想化为行动，将个人的生命挥洒到中华大地，在田野中实实在在劳作的人，究竟有几个？我不能想象，这个理想主义者，追求完美的人，为这每一步付出了多少心血，但我深知，他们这样的人，即便伤痕累累，也是躲起来自己舔干伤口上的血，再以笑颜出现在我们面前。我感动，同时有些心疼，更是深深地意识到：应当把冯骥才和他的同人们所作所为记录下来，保存下来，告诉更多的人，也让更多的人加入到这个行列中来，为了这个民族！

这就是我要办这样一份小刊物的初衷。作为这个学院的资深旁观者，我看到了他们的努力和付出，也惭愧自己不能为他们真正做些什么，但愿这"一点儿事情"能将我的"旁观者"改为"参与者"，这将是我的无上光荣。我甚至存在过这样的奢望，跟在冯先生身边一年，记录下他的每件事情和每个想法，写一本《生命的断片》这样的书，我相信这是一个高质量的生命片断。机缘当然不允许我这么做，不过，我想，通过《大树》季刊，通过更多人的努力，一定比我自己的想法更为精彩，况且我们还有冯先生本人帮忙。（本期新鲜出炉的《关于〈俗世奇人〉的对话》就是他最大的支持，相信以后每期都有这样的惊喜）我特别盼望冯先生团队中人，在追随冯先生做事、做学问的同时，能够有一种自觉的历史意识，能够记录下你们所做重要事情的过程，冯先生的想法、言行，能够透露一些背后的故事，将你们难得的机会和所见与大家一起分享。当然，他早已是"大冯"了，不需要我们再去赞美、论证他是多么了不起、多么神，相比于实实在在、原原本本的记录，这些言辞太轻飘、太肤浅。我也希望，海内外的朋友能够利用这些记录更为深入地研究他，给他提建议，向他诉说自己的心声，甚至批评他，我们愿意为此提供篇幅，让大家来这里充分交流。

冯先生在应我们之邀而为本刊所写的发刊词中说："希望这本工作通讯真能做好。何谓之好？以藏书家的眼光看，便是'今日有人看，明日有人藏'，方为好书也。"天哪，看着这个要求，我吓出一身冷汗，我哪有这个本事？！不过，男子汉大丈夫，也不能临阵脱逃，哪怕十分心虚，我也要硬着头皮站在这里：来吧，干吧！我的底气来自冯先生这么多年来的读者、朋友、学生，来自千千万万认同他理念的人，有你们帮忙，我才能信心十足。如今，经过一个春天的反复讨论，这个平台搭起来了，我们也迈出歪歪斜斜的第一步，我想回头望望你们，你们会不来帮忙吗？

2016 年 5 月 13 日午后于上海

二

冯骥才祖居博物馆里有一口老井，井口绿苔斑斑，几道深痕，是井绳的齿痕，也是岁月的足迹。冯骥才说："我的父亲喝着这口井里的水长大。所以进行重新修缮的时候，我就提出能否将这口老井保留下来。"老井、菜园、竹林、老墙，故乡的一切，都有着他割不断的乡愁。

"很多人都问我,你的乡愁是什么?我的乡愁就藏在这幅画里。"冯骥才是这样回答的。这幅画作题名《深巷》,一条深巷,远处是故园的大门,画面多是素白,辅之浅灰,空间开阔,乡情悠悠,遐思无限,而一点儿浓墨和赭红,仿佛又显示出画家的情深意浓。画面上的题词是:"家乡滋味知多少,且向故里深巷寻。""寻"是需要载体的,宁波慈城,大冯老家,冯骥才祖居博物馆的建立就是这样一个载体。然而,相对于这些物质形式,我更看重冯骥才的"情思",他所做的一切,都不是一个机械的技术行为,而是蕴含着艺术家"情思"的情感行动,即如老井的保留,试想,它不知不觉中会让多少人心头一热,在每个人的记忆中可能都会有这样一口老井。祖居博物馆的建立,又何尝不是点中了中国人乡情、乡愁的穴位?

这是每个人心底最神奇、最神圣的情感,是盘结了祖祖辈辈时光的"根",冯骥才唤起的是大家的乡情。本期选定的这个专辑,除了履行把冯骥才的言行忠实地记录下来的职责而外,我们还希望它是个样板,从冯骥才的所作所思中,唤起每个人对故乡情感的守护,对家族、故土的文化尊重。这么说,并非是每个人都要去建个祖居博物馆,而是要通过这样一种文化情感唤起我们的文化自觉。有了自觉,才会有行动,有发现,才会看到被岁月风沙掩埋的那些东西发散出的奇异光芒,感受到它们的温暖和力量。

英国小说家格林在《哈瓦那特派员》中说:"人口研究报告可以印出各种统计数值、计算城市人口,借以描绘一个城市,但对城里的每个人而言,一个城市不过是几条巷道、几间房子和几个人的组合。没有了这些,一个城市如同陨落,只剩下悲凉的记忆。"冯骥才近年来的努力,就是要拒绝那种"人口研究报告"的描绘,而关注"每个人",人的情感、心灵,中国古村落的保护也好,祖居博物馆的建立也罢,都是要给人们留下一点儿温暖的记忆。不幸的是,他这极有可能是螳臂当车的行为。即便如此,我非常不希望只有他一个人冲在前面,他的这个样本最终又成为"孤证",而是希望他点燃的火种能引燃燎原大火,照亮这个世界。当然,"希望"不足以成为"乐观"的现实,现实是人们丧失故土,故乡的消失。在各种"新""改造""提升"中,消失在推土机下。我们都成为没有家园的人,没有家园感的人,没有故土情怀的人,也就成了最贫穷、最可怜的人。这怎么行,这不应当是"发展"的结果!当我们沉浸在冯骥才的悠悠乡愁中时,不应当忘记,警钟仍需敲响;也不应当再无动于衷,这样的一个民族,不能只有冯骥才等少数人在泥泞中独行,我们需要手拉手一起走,让冯骥才不再孤单。

2016 年 10 月 4 日凌晨于竹笑居

三

本卷的附页上,刊载着冯骥才先生两篇"习作",它们都写于特殊年代。这样的史料能够保存下来,对于我们研究一个作家的"长成"具有难得的价值。其中的一篇《夫人和猫》写作形态就很有意思,居然署名"亨利·希曼",这是谁,是那个德国大作家吗?手稿上分明是冯骥才的字,那么是他抄来的?多少年后,冯骥才解密他称之为"墙缝文学"的这批写作,我们才知道,在那个特殊的环境中,压制不住自己的写作欲望,只好用这样的办法,连作品中的人物都是外国人的名。"克莱斯太太,四十多岁,我的邻居……"谁知道，她应当是张大姐还是李大婶儿呢。这些创作虽然青葱，但是写得耐心又细致，对人物的描写，环境的渲染，都很到位。因为是残稿，我们看到的仅仅是"夫人"与猫故事的开始，还不知道他们的结局是怎样。然而，仅从这些，已经能够感觉到俄罗斯文学的味儿很足，小资产阶级的情调很足……由此，看新时期这批作家的崛起和井喷式的创作，我就不觉得奇怪了，他们已经有了多么充足和特殊的练习期啊！

再看另外一首小诗《路》，直抒胸臆，文学性是苍白的，然而精气神儿却很足，仿佛读到了屠格涅夫的散文诗《门槛》。今天看来，我特别重视末尾的两句话："但我决意走这样的路，/因为它是一条真实的路。"它写于1974年，也就是说，从那时候起，冯骥才就确定了自己的文字志向：要走一条真实的路。这也是他文字的品格，以往的不谈，今年他给中国文坛贡献的《无路可逃》《地狱一步到天堂》两部大作，字字行行，无不以赤裸的真实、坚硬的真实震撼人们的心灵。前者，给我印象最深刻的是，在现实最黑暗的时刻，人是怎样凭借着内心的光亮去寻找未来的路；后者，说实话，大量的细节让我心颤，在阅读中，我甚至有"赶紧翻过去吧"的想法。尽管我知道窗外是朗朗乾坤，可还是感觉到阴风阵阵。从这个角度而言，冯骥才在用文字为一场民族的特殊时期铸造记忆的碑石。

巴金先生在多年前就说过，"文革"绝不是黄粱一梦。这个事件同全世界人民都有很大的关系，"我们要是不搞得一清二楚，作一个能说服人的总结，如何向别国人民交代！可惜我们没有但丁，但总有一天会有人写出新的《神曲》。所以，我常常鼓励朋友：'应该写！应该多写！'"（《随想录·说真话》）他还呼吁要建立一座博物馆。我想，这些事情未必都是一个人的事情，《神曲》也未必要靠一个人来写，大家可以写不同的《神曲》。问题是，一个作家，一个文字的书写者（我认为这是神圣的职业），应不应该有一种历史的使命感和社会责任感？我知道，在一个个人主义盛行、消费至上、娱乐至死的时代中，提出这样的问题是极其愚蠢的，很多人早已把作家圈在书房中，把他们变成面孔苍白的白日梦者。我承认作家有各种各样的，写作的题材、风格也都不尽相同，写作首先也是为了自己，然而，自己也是社会中人，文字的表达终究会成为社会财产（当然，并不是所有写作都能成为社会财富），那么，"我"便不是孤立的，"我"的白日梦也不是在真空箱里做的，而且"我"是怎么形成的，都是复杂的因素构成的，别梦想不食人间烟火的"纯粹"。正是这样，我们在判断一个作品和人的时候，经常会用"境界"这个词，或者经常认为一个伟大作家与普通作家之间的区别，恰恰在于"境界"，境界是什么，是寓于文字之内的文字之外的东西，而不仅仅是文字技术，使命感、忧患意识应当成为境界的一部分。特别是在一个沉默的时代中，作家的声音尤为珍贵和重要。我知道当今文学才俊很多，大作纷纷不绝，然而，正因为如此，我有理由在2016年，向文学界的这匹老马，向冯骥才，投以敬意的目光。

"文革"书写，是冯骥才踏入文坛以来就不断开掘的题材，有兴趣的朋友不妨仔细研究一下，在不同时期，他的"文革"叙述有什么不同，又有什么不变的地方。往事并不如烟，然而，不化成切实记忆的往事，又很容易如烟消散。所以，《神曲》永远需要。

2016年12月30日傍晚于吴兴路

四

　　这一期,最得意的成绩是逼出顾同昭老师两篇文章,想一想,还有比她的"揭发"和"爆料"更有分量的吗?两个人过日子,那些"惊天动地"的大事情,容易为外人所知,而日常生活中的那些细微事情则唯有两心知,可是,"稀松平常"中耗去的却是一辈子的时光,是最真实生活的状态。顾老师这两段话,让我捏着校样,沉默许久:

　　我觉得,两个人在一起,价值观是最重要的。我们在一起五十年,他影响我,我影响他,互相影响。我们都是宁愿自己付出不愿索取的人。我觉得给予比索取要幸福。生活呢,就是怎么高兴怎么过。

　　那天他回家,帽子也是歪的,提溜着书包——在地上那么拖着,整个拉垮了回来,已经一点儿劲儿都没有了。我说,好,劳模回来了。他就是这样,事业第一位,也不是不管家,是顾不上了。他回来,我一切都按他的习惯弄好了。我喜欢由着他,很多人说他有些性格是我惯出来的,我是觉得能让他发挥的地方就应该让他自由发挥。他平时想睡就睡,想起来就起来。有时候晚上忽然想写点儿什么,起来就写,还得把我也弄醒,听他念一段……他卖画做民间文化保护,我也一直是支持的。我们就这样,五十年,已经习惯了,磨圆了。

　　"磨圆了",这是多少烟熏火燎,是多少晨昏夕照,又是多少细水长流的日子和水滴石穿的力量啊！"两个人在一起，价值观是最重要的。"轻轻的一句话，又给我们上了一堂重重的课。这让我想起冯先生在《金婚图集》（20世纪90年代）的题记中所写："另一工作主题是城市文化遗产抢救。这一时代性先觉的文化行动，无疑对社会产生广泛的影响。这时，我们的家庭已经卷入了这些工作之中来。对于当时处于孤军奋战的冯骥才个人，离不开顾同昭知己般的理解。我们像'战友'一样生活在一起。""在这种高强度的工作中，我们的家庭完全融化其中。我们无法分出家庭与事业，更难分出彼此。"——两个人的文字对照起来看，才有意思，也能够看出两颗心贴得多么近。

"冯骥才的很多田野考察，顾同昭都相伴相随，只不过她不愿意抛头露面，在摄影镜头里看不到她。"——记得有一次，一个很隆重的场合，高朋满座，冯先生光彩照人，自然是台上的主角，不经意中，我回头一看，顾老师居然安静地坐在我身后一排，那是五排以后吧？可是，我知道，不管在哪个位置上，台上有她关心的人，那些光彩中也有属于她的一份劳绩。

据说，每逢重要的结婚纪念日，他们都会合作画一幅画，这又让我想起古人说的"琴瑟和鸣"。

年初，收到这本厚厚的《金婚图记》，浏览这一帧帧照片，如同翻阅一个家庭在半个世纪岁月的风风雨雨，这本书沉甸甸的，又让人备感温暖。我郑重地珍藏着这份含着历史分量的书，由它再看本期《大树》讨论的冯先生新作《天堂一步到地狱》，韩美林的遭遇，可以用肖洛霍夫的小说《人的命运》（《一个人的遭遇》）这样的名字概括吗？有时候，我们都急于表达些什么，却忽略了忠实的记录就是最绝妙的表达。在这一点上，我认为冯骥才是较早地并且深刻地领略了"记录"的价值和意义的作家,想一想《一百个人的十年》,你不觉得他的这条路越走越宽吗?随着时间的推移,这种写作的价值会越来越凸显出来。诺贝尔文学奖得主阿列克谢耶维奇《锌皮娃娃兵》《切尔诺贝利的回忆:核灾难口述史》《二手时间》等作品能够引起人们的注意,不就是一个很好的证明吗?

《大树》到本期已经出齐2016年的四卷,它得以这样的出刊,与天津大学冯骥才文学艺术研究院文学研究室等各部门及相关人员的努力和辛苦是分不开的,也与社会各界朋友的热情支持分不开,当然,我们还不时烦扰冯先生。事实上,他是最勤奋的作者!对此,我既高兴,又略有不满,其他人都哪儿去了?!我的本意可不想编一本冯骥才分类文选,尽管冯先生的很多文字和观点百读不厌,然而你可以去读冯先生的各种文集啊,不必都等《大树》。所以,在新的一年中,我有小小的呼吁,呼吁各位朋友拿起你的笔,谈谈你读过的冯先生的书,谈一谈你们的交往、共同的经历,哪怕是印象深刻的一件事、一句话……《大树》在主题集中的策划中,也需要这些自由的散点透视,我期待着。想一想,连顾同昭老师都出场了,您还那么矜持吗?

2017年3月21日

(《大树》季刊系天津大学冯骥才文学艺术研究院内部刊物,本文作者为该刊主编)

后　记

今年五一，天气晴好。劳动节照例劳动，足不出户，在写关于冯骥才的文章，这一篇写完即可将新旧文稿收拾起来，出一本冯骥才论稿了。这些文字都写在过去的十七八年里，我也想不到集中在一起篇幅已经相当可观。我写文章从来没有什么严格的"学术规划""研究方向"，常常是随性而为，不过，这并不意味着文章是随便写的。我早就说过，不写应酬文章，因此，不论写得长短、好坏，都是用心而写的。凡是要写的文章，都是我认为应该写的、有兴趣写的。为什么对冯骥才先生有这么大的兴趣呢？自然不是因为他个头儿高、名气大，个中原因，在本书的不少文章中都有说明，此不赘述。

就在我写这些文字的这些年，冯骥才先生风尘仆仆地奔波在中国的大地上，用自己的心血和光阴呵护着民间文化之花，与此同时，他从未停歇他的思考，从未中断他的艺术创造（去年冬天，一口气写出一个小长篇《单筒望远镜》就是一个显例）。而我，站在一旁击掌赞赏的同时，只能写下一点儿文字为他"留影"。这本来是很惭愧的事情，聊以自慰的只有或许这会让更多人了解他，理解他。——但愿能够如此吧。本书的上编，收的是评论文字,可以看出我对冯骥才的理解,或者是对这座矿藏的挖掘。下辑是记述、对话、随想,读者可以由此接触到很多冯先生具体的言行,对这个人能有一个真切的印象。说来,这已经是《冯骥才、周立民对谈录》之外,我关于冯先生的第二本书了。不过,冯先生仍然激情澎湃,奇思妙想汩汩而来,这就保不住我将继续感动、继续为他所激发,接着冒出第三本关于他的书……

今天是 5 月 4 日,网络上一片纪念五四百年的声音,各有各的调儿,我的文章写得差不多了,出门看个跟五四人物有关的展览,顺便在地铁上写下这篇后记。路上,我就在想,五四那一代人物,都是宣传家、鼓动家,可是,他们也是实干家,会克服种种困难实践自己的理想、坚持自己的理念。那一代人的身影渐远,而站在我们面前的冯骥才难道不是另外一代这样人物的代表吗?

2019 年 5 月 4 日午后
5 月 9 日清晨修改于天津

又一年将去,冬夜里看校样,对过去的一年感慨良多。这一年,冯骥才先生居然还来了一趟上海,我还陪他在武康路上散步。他是来开研讨会的,他的又一部长篇小说《艺术家们》出版了,我不能不惊叹他的不竭的创造力。而我竟然又贸然答应一家刊物再写一篇关于这部长篇小说的评论。看来,评论、研究冯骥才也是无止境的,那么,我争取再出第三本。

2020 年 12 月 21 日冬至夜又记